研究方法与毕业论文指导教程

黄京华 ◎ 编著

中国传媒大学 出版社
·北京·

图书在版编目(CIP)数据

研究方法与毕业论文指导教程/黄京华编著.--北京:中国传媒大学出版社,2024.6.

ISBN 978-7-5657-3668-1

Ⅰ.F713.80

中国国家版本馆CIP数据核字第20243TS981号

研究方法与毕业论文指导教程

YANJIU FANGFA YU BIYE LUNWEN ZHIDAO JIAOCHENG

编　　著	黄京华
责任编辑	井彩霞
封面设计	拓美设计
责任印制	李志鹏

出版发行	中国传媒大学出版社		
社　　址	北京市朝阳区定福庄东街1号	邮　编	100024
电　　话	86-10-65450528　65450532	传　真	65779405
网　　址	http://cucp.cuc.edu.cn		
经　　销	全国新华书店		
印　　刷	唐山玺诚印务有限公司		
开　　本	787mm×1092mm　1/16		
印　　张	11.75		
字　　数	230千字		
版　　次	2024年6月第1版		
印　　次	2024年6月第1次印刷		
书　　号	ISBN 978-7-5657-3668-1/F·3668	定　价	47.00元

本社法律顾问:北京嘉润律师事务所　郭建平

前　言

　　本教材脱胎于笔者针对广告学专业四年级本科生开设的"研究方法与论文指导"课程的教案。之所以开设这门课程，是希望对毕业论文各个阶段的工作进行有针对性的指导，帮助大学四年级同学更好地完成毕业论文。课程涉及毕业论文的选题、文献梳理、实证研究、撰写等各个步骤，对其中涉及的规范要求、方法应用、操作流程等多个方面进行具体指导，其中特别强调学生将之前所学到的研究方法恰当地应用于毕业论文的写作中。课程实际指导的工作量比较大，需要规范化地操作指导手册，也需要明确地告知学生毕业论文的写作方法以及规范要求。因此，笔者将授课教案扩充整理，形成了这本《研究方法与毕业论文指导教程》。

　　目前市面上相关的教材，关于研究方法或论文撰写的各有不少，把研究方法和毕业论文放在一起讨论的也有，它们都是笔者授课准备教案时的重要参考，其中很多内容直接或间接摘录到教案当中。对于相应内容，笔者在授课过程中，融入了自己的思考和辨析，进行拓展延伸，根据教学需要，形成更具针对性的观点或更为朴素直接的表达，这些自我经验和认知的总结梳理，应该是这本教材的价值所在。就这本教材的适用性而言，笔者的期望是，首先，能够满足研究方法与论文指导课程的教学要求，内容全面覆盖课程的需求；其次，有一定的延展性，对于与广告专业相关联的营销、传播、新媒体等专业，也有一定的适用性，以适当拓展其应用范畴；最后就是力求简洁，利于自学，以期成为相关学科学生毕业论文研究写作的参考手册。

　　笔者原有的授课教案，按照相应课程的32学时16讲（两学时一讲）或8讲（4学时一讲）的课程规划，对应本书以下几部分进行阐述：

　　第一部分，即第一章"绪论"，主要阐述毕业论文写作的意义、规范，研究方法对于毕业论文写作的重要性，课程的内容设置，考核方式等相关问题。

第二部分,阐述如何做毕业论文,重点围绕毕业论文的选题、文献梳理和研究方法展开讨论,共包括三章内容:第二章"毕业论文的选题与研究设计",介绍毕业论文选题的要求和选题思路,并探讨如何进行研究设计;第三章"资料收集与文献梳理",探讨做毕业论文时资料收集工作的重要性,文献梳理与选题的关系,以及如何做文献综述;第四章"研究方法的再认识",鉴于大四同学的学业已接近尾声,之前学习过"广告调查""统计与数据分析基础"之类的课程,因此本章的重点不在于对每一种研究方法的介绍,而在于比较不同研究方法的特点及应用范畴,探讨不同的研究方法与各种选题的适配关系。

第三部分,阐述如何写毕业论文,着重讨论质化和量化研究资料的分析方法和呈现方式,也是三章的内容:第五章"质化研究的资料分析",探讨质化研究资料的分析要点和典型范式,简要介绍质化资料分析软件并举例说明其应用范畴;第六章"量化研究的资料分析",对于量化研究资料的描述统计分析和统计检验分析方法进行介绍与比较;第七章"毕业论文撰写",强调本科毕业论文撰写的规范性要求和写作原则。

本教材基本比照原有授课教案的内容设定,所不同的是,在实践中,课程要求学生提交两次作业,两次作业的要求在第一节课即告知学生。第一次作业是提交论文选题及选题说明(想做什么样的研究、研究目的、想怎么做等),提交的内容包括拟定题目、对研究题目的说明(需要有一定的文献基础)、设想的研究方法。第二次作业是提交修正的论文题目、文献综述和研究方法,作为结课作业在课程结束时提交。在讲授完第四章内容后,教师要求学生提交第一次作业,并随堂讲评。针对学生的不同选题,教师做出有针对性的指导和讲评会占用大约6课时,所以本教材对应的实际讲授课时约为26课时。

作为一本教材,本书遵循一般的学术写作规范,但考虑到内文中有很多内容涉及教学中的互动过程,包括所举的教学实例,用客观的第三人称表达会显得过于疏离,所以笔者在叙述过程中采用了第一人称的称谓。另外,在准备教案时教师自然要博采众长,参考众多文献资料,但在实际授课过程中,每一名教师往往会结合自身经验与学生进行探讨,而当把这些教案整理成教材时,本着专业的原则,会对诸多经验之谈进行重新审视并力求严谨,但总不可避免一家之言的情况,在这里权当抛砖引玉。还有一点需要说明,笔者在授课过程中曾多次使用大段的参考文献来加强阐述效果,但在教材成文时,这些参考文献的引文注释就显得有些过于繁琐,因此在写作时,笔者采用了较为灵活的引用方式，但都会在引用时加以明确的说明，以免读者产生疑惑。

在编写本教材的过程中，笔者参阅了大量的相关教材、著作或论文，其中，在正文中引用的罗列于参考文献中，更多的文献并未在教材中有所呈现，在此向所有笔者参阅过文献的作者表示衷心的感谢与敬意！

本教材所选用的一部分案例来自实际教学中学生的作业，并采用匿名的方式收录于书中。在案例分析部分，以李沅羲同学的毕业论文为案例，叙述了论文从无到有的过程，以及笔者作为指导教师与其讨论的过程。对此事先征得了李沅羲同学的同意。笔者最后一位在校的硕士生吴翼帆撰写了广告作品资源搜索渠道和 Epidata 的相关内容。质化分析软件部分的案例本想引用笔者在校期间的最后一位博士生张心淼（现已毕业）的博士论文中的研究成果，虽然考虑到篇幅和深度最后没有采用，但与她做过大量探讨，是以为记。在此对所有具名和不具名的同学表示谢意，以感谢他们以不同方式对本教材做出的贡献！

编写本教材历时较长，但最后成文时间仓促，因此还存在很多不尽如人意的地方，恳请读者批评指正，以待日后修改和订正。

目 录

第一章　绪论　/ 1
第一节　关于毕业论文的认识　/ 1
第二节　课程介绍　/ 6
小　结　/ 10

第二章　毕业论文的选题与研究设计　/ 13
第一节　毕业论文的选题　/ 13
第二节　研究设计的主要考虑因素　/ 24
第三节　研究设计的重点内容　/ 29
小　结　/ 32

第三章　资料收集与文献梳理　/ 37
第一节　资料类型与来源　/ 37
第二节　文献梳理　/ 47
第三节　文献综述　/ 52
小　结　/ 55

第四章　对研究方法的再认识　/ 62
第一节　研究方法概览　/ 62
第二节　研究方法的应用　/ 84
小　结　/ 93

第五章 质化研究的资料分析 / 104
第一节 质化研究资料分析的要点 / 104
第二节 典型范式:扎根理论 / 111
第三节 质性资料分析软件 / 115
小 结 / 120

第六章 量化研究的资料分析 / 123
第一节 数据分析软件 / 123
第二节 统计分析基础 / 126
第三节 统计分析数据的呈现 / 133
小 结 / 138

第七章 毕业论文撰写 / 143
第一节 规范化写作 / 143
第二节 优秀毕业论文的标准 / 146
小 结 / 149

附录一:中国传媒大学毕业论文工作手册(节录) / 159
附录二:厦门大学本科毕业论文(设计)规范的部分内容 / 167

参考文献 / 175
后 记 / 177

第一章 绪 论

▶**要点提示**

1. 关于毕业论文的认识
2. 研究方法在毕业论文写作中的重要性
3. 毕业论文的一般结构
4. 毕业论文写作的基本要求

在绪论中将阐述三个方面的问题,一是关于毕业论文的认识,二是这门课的目的和作用,三是课程的整体框架和内容。

第一节 关于毕业论文的认识

国内的大学本科生通常需要撰写合格的毕业论文才能毕业。对于毕业论文,可以有两个层面的理解:一是单纯作为结果的毕业论文,即毕业论文的文本形态;二是包含了研究过程在内的毕业论文,即完成毕业论文的整体过程,包含过程和结果两个方面。在此讲到对毕业论文的认识,是包含结果和过程这两个方面的,这两个方面的综合可称为"做"毕业论文。毕业论文与一般的文章或论文不同,在一定的规定时间和程序规则以及写作规范要求之下,需要选择与专业相关的一定主题进行研究,并将研究过程和成果呈现于毕业论文中。研究和撰写毕业论文的完整过程可称为"做毕业论文"。因此,关于毕业论文的认识,不妨侧重于对做毕业论文的理解。

对于本科生毕业要不要做毕业论文,高校里乃至社会上一直存有争议,争议的起因之一是有人认为很多学生写不好毕业论文,所以与其让他们花费时间制造一些学术垃圾,不如干脆别让他们写了,也有人举出有些国外大学的例子,这些大学只让一部分高绩点的学生写毕业论文,其他学生则不需要写毕业论文。本教材无意对种种说法进行讨论,只关注如何做好毕业论文,在此只对做毕业论文的实际意义做些阐释。

一、做毕业论文的意义

毕业论文的研究和写作过程,是以学生为主、教师指导为辅、由学生完成的提出问题、解决问题的过程。毕业论文的研究和撰写是一项具有挑战性的工作,在开始这项工作之前能够对其有充分的认识和理解很有必要。关于毕业论文或者做毕业论文的意义和重要性可以从以下几个方面来说明。

首先,对大多数学生来说,整个的本科学习生涯以毕业论文结束,毕业论文通常至少 8 学分,相当于 4 门常规课程的学分总数,现实地来看,如果学生不能完成毕业论文,就无法拿到本科学位证书。

其次,毕业论文的重要性在于它是学生本科学习期间所学知识的综合运用,是对几年里大学学习能力水平的检验,还有可能据此为今后的学习和研究做出规划和探索。一篇优秀的毕业论文很有可能成为学生找工作就业的敲门砖,或进一步深造进行后续学术研究的垫脚石。有同学给我讲过她在求职面试时,将毕业论文的研究结果加以阐释,得到面试官赞许的情况。每年我指导的五六位本科毕业生中,总有两三位会非常积极认真,后来我发现他们通常是在申请硕士研究生,他们的本科毕业论文会在申请研究生时派上用场。

最后,做毕业论文要求学生对本科阶段所学知识进行整合与综合运用,是思维能力和知识运用能力的高强度训练,也是学生提升学术水平、展示学术水平的机会。通过做毕业论文,学生有可能在思维、技能、知识、学习能力、时间管理、沟通等各个方面,得到提升升华。从学生做毕业论文的过程可见此言不虚:当有学生说,我想这段时间集中写作论文,能不能每周跟老师见面讨论一下,老师的回答是可以;当学生说我想做些多变量的统计分析,但之前所学已经忘得差不多了,老师会鼓励帮助同学复习;老师也会对学生的深访提纲和深访结果提出具体的意见,对论文的框架结构和写作提出具体的意见和建议。这种一对一有针对性的教学过程整体完成后,学生必然在各方面获益良多。当然这是以学生的积极主动为前提的,学生应该主动与老师沟通。对学生来说,在之前几年的学习中更多的是一对多的教学场景,现在名正言顺的一对一的机会来了,应该好好把握,利用好这样的专属学习机会。事实上,作为指导老师,面对每一学年的毕业论文指导工作,常常怀有一种矛盾心理,既希望包括博士、硕士、本科生在内的每一位所指导的学生都勤学好问,频繁沟通,写出高水平的论文,又会感叹如果每一位学生都经常跟老师沟通,那老师也的确会太累了。这种矛盾心理隐含的意思是,如果学生主动找老师沟通,老师通常会尽心尽力地指导。

在此,摘录两所大学关于本科生毕业论文的阐述,帮助读者去体会做毕业论文的意义。以《中国传媒大学本科毕业论文(设计、创作)工作手册》(参见附录一)为例,开篇在制定工作手册的指导思想部分,对毕业论文有如下阐述:

(一)毕业论文(设计、创作)的基本教学目的是培养学生综合运用所学知识和技能,提高分析与解决实际问题的能力,在实践中培养学生勇于探索的创新精神,严肃认真的科学态度和严谨求实的工作作风,增强对所学专业的热爱,提升团队精神和个人责任感。

(二)毕业论文(设计、创作)应从各专业的培养目标出发,体现专业性、时代性、规范性的特点,具有一定的深度和广度,有利于学生得到全面的训练,培养学生实践能力、创新能力和独立工作能力。

再如《厦门大学本科毕业论文(设计)工作管理办法》(参见附录二)中总则第一条所述:

毕业论文(设计)是本科生培养方案的重要环节,是培养学生综合运用知识与技能、理论联系实际进行的一次较为全面的科学研究训练,是培养学生的创新能力、实践能力和创业精神的重要实践环节。毕业论文(设计)的质量也是衡量教学水平、学生毕业与学位资格认证的重要依据。

二、如何做毕业论文

毕业论文很重要,且有较大的难度,那么如何做毕业论文呢?如果用一句话来回答这个问题,我的答案是:从容地做。从容,不是指轻松或悠闲的状态,而是指要有充足的时间保证,避免匆忙慌张地赶工。因为毕业论文的工作量较大,学生要在一定的时间周期内保证有持续性强度的工作量之后才能较好地完成这项工作。换句话说,想要从容地做,必须有时间保证,做毕业论文需要一个较长的时间周期。"研究方法与论文指导"这门课安排在本科大四第一学期,以开课时间为做论文的起始点,学生至少有半年以上的时间做论文,如果学生按照这个时间来安排论文的研究和写作,自然可以从容地做。至于做毕业论文的具体时间安排,学生可在论文指导老师建议的大致的时间周期框架里根据自己的选题自行安排,不过特别需要注意的是要时刻警惕拖延症的侵扰。我们每个人可能或多或少都会有拖延症,但程度和发生的情况非常不一样,有些同学会按照指导老师规定的时间完成初稿、定稿,有些同学却一定要在论文提交截止日期前一天发给指导老师初稿、定稿二合一的草稿水准的论文。包括对待"研究方法与论文指导"这门课,如果能够按照授课老师的指导完成选题、查阅资料、设计方案等初步研究工作,然后在此基础之上,在论文指导老师的指导下完成后续的论文工作,一定能写出合格的论文。但总有学生只是把这门课当成一门课程,应付式地完成老师要求,不能为后续的论文写作奠定基础,只等论文指导老师安排下来之后再从头开始,那就只能仓促行事,显然不符合"从容"做的要求,自然很难做出好的毕业论文。也有的同学,和大家同时开始选题,完成设计方案,但课程一结束,就把一切束之高阁,等到快到截止日期了才开始重新开张,这显然也不属于"从容"地做。

做毕业论文不同于写一般的结课作业,因为它包含了研究和撰写两大步骤,不太容易在短期内赶出合乎要求的成果。也因此,一定的时间周期以及在一定时间周期内持续的工作状态对于做毕业论文都是必要的。在课上我会推荐学生看一个TED演讲视频《你有拖延症吗?》[①],读者可以搜索这个标题,也可按照脚注中的网址登录观看该视频。视频描述了典型的拖延症状况,不管开始得多早,也不论计划得多好,就是不付诸行动,只是到了截止日期前几天才仓促而就,结果当然可想而知。这是一个有趣的

---

① 视频网址:http://open.163.com/movie/2016/3/Q/E/MBHQSM52F_MBI15O7QE.html。

视频,视频中的演讲者分析了拖延症的形成机制:人类及时行乐的天性与理性决策的博弈,也讲了人们在有 DDL 和没有 DDL 时对拖延症的不同认知。不过我让学生观看此视频的目的只有一个:在做毕业论文时,避免拖延。

总之,毕业论文要从容地做。比较早地开始,可以留出较多的思考时间,可以把研究做得更深入,更有时间推敲所写的文字。

至此,我们谈到的毕业论文还是个概念,正如做任何研究一样,人们不能仅仅停留在概念层面空谈,要对具体的内容进行分析。这里可以从两个层面来认识毕业论文的具体内容,一是从毕业论文写作的角度,毕业论文应该包含什么内容。二是从完成毕业论文的步骤或操作流程来看,应该做些什么。关于这两点,都可以从《中国传媒大学本科毕业论文(设计、创作)工作手册》和《厦门大学本科 毕业论文(设计)规范》中找到相应要求。

关于毕业论文的结构和内容,前者指出:"毕业论文的结构依次为:(1)封面;(2)中英文摘要(含关键词);(3)目录;(4)正文;(5)注释;(6)参考文献;(7)附录;(8)后记;(9)封底。"后者的说法是:"毕业论文(设计)一般包括:前置部分、正文、参考文献、附录 4 个部分。其中前置部分包括:封面、诚信书、致谢、摘要和关键词、目录。"前者以模板的形式给出了各部分的具体要求和样式,后者则用文字对每一部分做出详细要求。这些具体要求暂不赘述,留待后面相应章节具体讲述。可以看到,毕业论文的结构和内容要求基本固定,学生在写作毕业论文时只需在就读学校的官方网站下载最新版本的相应文件作为参照即可。之所以强调使用最新版本,是因为学校有可能根据需要,不定期地对毕业论文的结构和格式等要求进行微调。

对于做毕业论文的整体过程,两者的阐述分别如下:

a.本科毕业论文一般要经过选题、收集资料、进行科学实验、编写论文提纲、撰写初稿、修改定稿等几个阶段,要求指导教师与学生经常进行交流,逐个层次地对学生进行论文写作的基础性训练,使学生掌握学术论文写作的基本方法,培养其学术研究的素养,进行创新能力的训练。

b.毕业论文(设计)写作程序大致分为如下阶段:确定指导教师;与指导教师讨论并选题;阅读文献、收集资料;拟定写作提纲、设计或制定实验方案;开展调查、设计或实验等;分析并撰写初稿,修改稿;定稿和指导教师审阅;答辩。

概括来讲,做毕业论文的过程主要包括:选题、文献查询和梳理、研究的设计和实施、撰写成文。其中每个环节均可细化。这些环节恰是本书的主干脉络,细化的内容在相应章节进行阐述。

第二节 课程介绍

本教材完全匹配研究方法与论文指导课程,对课程的了解有助于教材的阅读与使用,在此,我们对课程做简要介绍。

一、课程设置的目的

如前所述,做毕业论文不是一件容易的事情,需要学生花费大量的时间和精力,需要指导教师耐心细致的引导、指正。以往没有这门课的时候,每年的毕业班学生大多数也能够完成毕业论文,顺利毕业。但学生们对毕业论文的整体认识不足,选题思路窄化,缺少查阅资料的途径和工具,对于如何应用所学的知识与方法去解决实际问题也少有判断,写作水平和规范性参差不齐。面对这样的情况,指导教师往往费尽心思,也难以指导出较高水平的论文,成就感受挫。

设置这门课的目的就是尝试探索解决学生做毕业论文时常常碰到的一些问题,课程内容设置的基本思路是,对于共性、规律性的问题交由这门课程解决,留待指导老师和学生共同去解决不同选题的个性化问题和开拓创新性的研究思路。

因此这门课会比较细致地讲解做毕业论文过程中各个环节的基础性问题。比如选题,毕业论文指导手册给出的是原则和规范,给出的是大的框架和范畴,至于怎么去思考,思考的方向和路径是什么,都需要在这门课里解决,包括选题的练习,授课教师要对练习作业进行点评并和学生讨论;收集资料、查找文献是做毕业论文的重要环节,收集资料的用途,怎么做资料收集,如何梳理,这都有一定规律可循,课程中老师会讲授资料收集的途径和方法,也会探讨文献的不同类型和各种应用方式;写作也是课程的重点内容之一,多数学生大学期间写作能力退化,即使是文科专业的学生,练笔的机会也有限,抑或习惯了复制粘贴,需要原创性写作时明显感觉力有不逮,因此也希望通过此课程学生的写作能力能够得到强化。

做研究写论文是一个思维训练的过程,所谓的学以致用,需要学生调动脑中存储的知识与现实的研究课题相适配,需要输入输出整合创新。想得明白才写得清楚。所以课程中也会强调学生在做毕业论文的各个环节中如何思考。

做毕业论文,对于合理安排时间,养成良好的工作习惯,都是一次契机。在这门课程中也会提出相应的要求和目标。

作为教师,讲授这门课时,会明确这门课是作为一种学术训练而设的,但在本教材中,并不会特别去强调所谓的学术性,而是从学生的实际水平出发,以完成合格的毕业论文为目标,对学生进行有针对性的具体的指导并加以练习。

二、为什么强调研究方法

这门课为什么叫做"研究方法与论文指导",而不是简单地叫做"毕业论文指导"?缘于要强调研究方法在毕业论文写作中的重要性。做毕业论文的一个重要环节是研究的设计和实施,只有扎扎实实地进行有的放矢的研究分析,才可能在研究中有所收获,有所发现,才存在创新的机会,因为创新绝不可能来自道听途说的人云亦云和复制粘贴的东拼西凑。一项研究的开展,资料先行,形成选题和研究思路,而其支撑物是研究方法。一项研究得以深入,思维和研究过程应该呈 U 型结构:先有想法有研究问题,然后沉下去做研究,最后产出结果,回答最初提出的问题。如何沉得下去?要有方法支撑做实实在在的研究。当然,对研究方法的认识也同对其他一般概念的认知一样,存在广义与狭义之分,上述的说法主要指向的是狭义的研究方法,或者说实证的研究方法,但也并不排除广义的研究方法,即可应用于各类研究的不仅仅是实证的研究方法,比如主要基于文献、既有数据或案例的研究。不论是基于狭义的研究方法还是广义的研究方法,毕业论文都应该区别于那种从概念出发到概念结束的研究或论文,它们即使有很好的问题和结论,但缺乏证据和论证过程,即缺少 U 型结构中的底部支撑,也难以令人信服和认同。

本教材会带领学生对之前所学的研究方法加以复习回顾,并做适当的拓展,重点放在各种研究方法如何应用于不同类型的研究选题上。研究方法可以有不同的分类视角,从处理的资料性质的角度,可以分作质化和量化两种,代表着对不同资料类型和不同资料处理方法的两大归属。质化研究方法强调的是对非数字型资料的非统计方法的处理分析方式,典型的方法包括对各种文本进行分析的多种文本分析的方法,以及以人为研究对象进行行为或态度研究的深度访谈和小组访谈等方法;量化研究方法则以对数字型资料的统计分析方法的应用为传统,以对文本进行量化分析的内容分析,以及以人为研究对象的调查法和实验法等为代表。质化研究方法和量化研究方法辩证统一,互为补充,乃至融合共用,因此其中每一种方法在操作上、适用性上既有一定的规律,更有相当的弹性。质化与定性、质性同义,量化与定量同义,在不同语境下使用,本教材尽量统一使用"质化"和"量化"的说法,但涉及引文时会保持原有的说法,后面不再一一说明。另外,前面提及的广义的研究方法如文献研究法、案例分析法等也在复习拓展的范畴内。

在讲授中,我会对其中的主要方法,探讨其适用的范畴和领域,其独特的优势和一定的局限,以及操作层面的难度和特点。特别是作为以本科生个体为主的独立研究,更存在着来自时间、精力、资金方面的种种限定,这些都会在研究方法的实际应用中加以考虑。

同时,在课堂上也会讨论在做毕业论文时如何适度、恰当地使用相应的研究方法,避免研究方法的滥用以及研究方法与研究问题两张皮的现象。

三、课程安排

课程的整体安排与本教材的内容基本一致,首先是对课程加以概述,如介绍课程的内容和进度安排,阐述毕业论文的重要性以及怎么做毕业论文,形成对毕业论文的初步认识。然后进入实质性的关于做毕业论文的流程的讨论。

从时间线来看,做毕业论文应该依照以下几个步骤顺次进行:(1)先做资料、文献的收集,了解较大范畴内前人的研究;(2)确定选题和研究方案,依据是个人的研究积累和兴趣,以及所收集的文献资料;(3)在选题涉及的范围内进行更具针对性的文献收集,并对文献进行梳理;(4)结合文献和尝试性研究,完善研究方案;(5)实施研究方案;(6)分析研究结果;(7)撰写研究论文。研究论文的撰写也可能是伴随着所有的步骤同时进行的,我比较鼓励学生及早动笔,边做边写,理由是只有写出来才好在其基础上修改。文章都是改出来的,我的博士导师当年鼓励我的话我也会在课上送给学生:

"(论文)先有后好。"从毕业论文的结构来看,或者说从写论文的视角来看,选题和研究设计是置于文献综述之前的,文献综述不完全等同于文献梳理,但它是文献梳理的主要成果。所以先阐述文献梳理的相关内容,还是先阐述选题和研究设计,是一个问题。这还不简单等同于鸡生蛋,蛋生鸡,谁在先谁在后的问题。这两者之间有很多重叠的内容,在不同的视角之下有不同的意义。在这里,还是按照论文的结构,先说选题和研究设计,再说文献梳理,毕竟先想明白要做什么,再去考虑怎么做为好。

所以课程与教材主体内容的安排都依据如下的顺序:选题与研究设计、资料收集与文献梳理、关于研究方法的复习与回顾、质化研究的资料分析、量化研究的资料分析、论文撰写。

从教学内容来看,这门课程因为内容的应用性指向,在教学中应当强调学生的自主实践,如何强调,用什么方式,教师可以自行掌握。不过我对于所谓的反转课堂,即学生自主学习实践、课堂展示、教师听后评价的方式持一定保留态度。这就好比听书,听众听得懂的是本身已经知道的字词,原本不知道的、不认识的字词,听众是听不明白的。学生的自主实践终归是在他们的认知范围内展开的,所以在重视学生实践的前提下,教师的讲授还是要占课程的大部分课时。学生的自主实践体现在认真完成作业上,学生与老师的互动依赖于教师课下仔细阅读作业并在课堂上点评。因为我所教的班级人数较多,超过50人,所以只留两次作业作为课程的整体考核,如果班级人数在30人以内,也可以考虑留三次作业。32学时的课程可分为16周次,每次2学时,也可以分为8周次,每次4学时。两次作业的安排如下:

(1)第一次作业提交

时间:截止时间为开课后第9周(16周次)或第4周(8周次),上课当日24时。

内容:论文选题及选题说明(想做什么样的研究、研究目的、想怎么做等)。提交内容包括拟定题目、对研究题目的说明、设想的研究方法。

说明:提交形式是邮件加附件,附件名称:学生姓名+拟选论文题目。

(2)第二次作业提交

时间:截止时间为结课前倒数第4周(16周次)或倒数第2周(8周次),上课当日24时。

内容:提交修正的论文题目、文献综述和研究方法。

课程考核计分方式:第一次作业,50%;第二次作业,50%。

对于学生的作业,重点是要有明确的反馈,授课教师须在课堂上进行点评,提出修改建议。因此本教材讲授的内容无须填满32学时,其中留有6学时左右的讲评讨论时间,不一定集中点评,可随交随评。鉴于很多学生都有拖延症的"顽疾",必要的时间节点必须明示。

另外需要特别强调的一点是,由于这门课以指导毕业论文为目的,需要调动学生之前学过的知识和技能,因此学生有必要对相应内容进行复习。相应内容包括但不限于:传播学、市场营销学、消费者行为学、社会学、广告心理学、经济学等相关学科的理论和知识点;用于编辑文本、数据做图等基本办公软件;SPSS或其他数据分析软件等。比如我在第一次课上就会强调学生在写作业时应该使用WORD文档的文档结构图(视图菜单下的导航窗格),因为对于一篇长文章来讲,能用文档结构图呈现文章的结构用以随时查看,同时能够随意点击至相应的章节进行编辑修改,都有事半功倍的效果。对于这种技能型知识,我通常不在课上演示,一般是建议学生网上搜索自行解决。读者也应参照此要求和方法,学会使用文档结构图,以提高工作效率。

小　　结

作为本教材的绪论部分,本章阐述了毕业论文的重要性,以及相关课程对做毕业论文所能提供的帮助。阅读完本章内容后,读者应该在以下几个方面有所启发:一是,做毕业论文时时间安排和管理非常重要,要做好毕业论文,应该早开始,有计划,避免拖延。二是,认真对待课程中的各个训练环节,为做毕业论文打下一定基础,以在后续的研究和写作中达到事半功倍的效果,避免课程学习和实际毕业论文脱节的情况。三是,对理论知识储备,以及专业技能工具等方面做适当回顾和复习,为做毕业论文做好铺垫和准备。

本章强调了文献收集和研究方法的重要性,回顾了质化和量化研究的主要方法,通过对相关课程的介绍,提示读者在阅读本教材时可以做的包括研究选题和研究设计,以及文献综述在内的实践性活动。

案例说明：从量变到质变

我在课上经常强调写毕业论文要有自己的想法，这与规范不矛盾。在写这本教材时我也希望能够把自己想表达的写出来。当我觉得还是要有案例对每一章所讲内容进行示范时，我翻看和李沅羲同学的微信交流记录，发现除了几次腾讯会议和见面谈话没有记录之外，我们的交流记录都在微信里留存着。重新读了她的文字听了我的语音，我发现本教材中所讲的内容我们在交流中都有所涉及，所以决定就以李沅羲的毕业论文和我们的讨论过程作为全书的案例，对教材中的相关内容做出进一步的说明。我们的微信记录从 2021 年 11 月 22 确认导师到 2022 年 4 月 20 日毕业答辩，共有 500 多条记录，我花了两天时间将它们整理成两万多字的文本。这些文字记录了沅羲同学的毕业论文从量变到质变的过程。沅羲同学的论文被评为北京市本科毕业生优秀毕业论文。

沅羲同学的学习基础很好，做事很认真，从选题就可以看出她有很多的资料和文献的准备，也有一定的思考，在课堂上提交的作业就很充实。整个做毕业论文的过程中她很主动，可以说每一次都是她主动找我提出问题或请我帮她看文稿，我当然也会积极回复并提出建议或参考意见，或进行启发式提问。她完整的文稿就提交了五稿，有些局部内容如摘要、绪论之类的也都反复提交讨论，然后修改。比较有意思的是，复盘整个过程发现，做论文的前半程和写作初期，她的提问更多，我基本是就着她的问题作出回答，在提交初稿后，我针对她的文稿说的会比较多。这样的过程恰恰反映了她独立思考自主研究，不断跟导师探讨完善毕业论文所做的努力。

沅羲同学的毕业论文选题缘于她实习的一家公益机构，研究对象就是这家公益机构的微信公众号，她在论文标题和正文中直接使用了具体的机构名称。在将她的毕业论文作为案例使用时，作为公开出版物，为避免潜在的问题，我把标题中机构的名称用字母代表，因此案例分析中论文标题都用《公益品牌传播中的符号叙事研究——以"A 社区"微信公众号为例》代替，在正文中用到该机构名称时同样用"A 社区"来代替。由于学生的毕业论文选题是在学习这门课期间进行的，所以我们上课期间在选题方面的交流也纳入案例中。

后面各章中的案例分析都围绕这一个案例展开，但展示的内容分别对应各章的主题，形式也根据需要夹叙夹议。由于微信交流时为了阐述细致，很多留的是语音，转为文字后过于口语化，在成文时进行了一定的订正编辑，以使行文流畅，但为忠于原意，也尽量保留了原本的话语,因此案例的行文整体来看是偏口语化的表达。

需要强调的是,做毕业论文的过程往往不是线性的,经常会是做到一定程度要回头看,再修订,不断反复,逐渐递进,甚至有可能推翻重来。按不同的主题进行案例分析是简洁明了的行文方法,但无法把整体过程置于一体,所以建议读者在阅读案例时也可以像学生做论文时一样,非线性地按照自己的需要把不同主题之下的案例分析放在一起来看,所有内容看完后必能形成整体认知。

思考与练习

1.结合自身的实际情况,比如实习或考研,若以来年3月月底为提交期限,设想自己的毕业论文实证研究与写作时间规划。

2.练习WORD文件中文档结构图的使用和目录设定的操作。

3.在网上下载一个小型数据库,练习用SPSS或其他数据分析软件,对数据做描述分析和变量的相关性分析。

第二章　毕业论文的选题与研究设计

▶要点提示
1. 选题的基本要求
2. 选题的来源
3. 研究设计的要素
4. 研究设计的重点内容

毕业论文的选题至关重要,选择一个符合专业要求,又有较强的研究价值,且能够顺利完成的选题需要费一番苦心。与研究选题相伴的是研究方案的整体设计,其重点在于用什么样的研究方法完成相应选题的研究。

第一节　毕业论文的选题

论文是对选定议题的探讨,毕业论文与一般论文的重要区别之一就是它对专业性的要求,毕业论文的选题要求与学生所学专业高度相关。如何选择议题,通过何种渠道选择议题,通常是做毕业论文之初要考虑的问题。对此,学校有明确的选题要求,在此要求之下,学生可通过多种途径自由选择研究议题,并在此基础上做后续研究,撰写成毕业论文。

一、选题的基本要求

对于毕业论文选题的基本要求,在相应的指导性文件中都有原则性规定,如《中国传媒大学本科毕业论文(设计、创作)工作手册》中毕业论文的选题原则：

(一)毕业论文(设计、创作)的选题原则

1.选题的基本原则

(1)选题应符合本专业培养目标要求,工作量和难度要适当。

(2)选题必须能够表达学生对所学专业理论和专业技能知识的认识和体验。

(3)注意外语能力和计算机应用能力的培养。

2.原则上每人一题,由各专业毕业论文(设计、创作)指导小组根据培养目标要求和学生学业特长确定。

《厦门大学本科毕业论文(设计)工作管理办法》[①]中对毕业论文的选题要求表达如下：

第十五条毕业论文(设计)选题基本要求：

1.应符合专业培养目标要求,密切联系本学科内容,体现专业科学研究训练的基本要求,有益于学生综合运用所学的专业理论知识与技能。

2.应与科学研究、技术开发、经济建设和社会发展紧密结合,尽可能反映科技创新和社会生产创意的需要。鼓励学院(系)与科研院所、企事业单位联合拟定题目;鼓励选题与教师科研课题相结合;鼓励选题与学生科创项目相结合;鼓励体现学科交叉的选题。

3.难度与工作量应适中,以学生在规定时间内经过努力基本能完成为宜。

4.原则上一人一题。如课题工作量较大,可以采取多人合作的方式,但应指定每位学生独立完成的内容,工作量基本相当,并据此完成毕业论文(设计)。

上述两个文件中关于毕业论文的选题原则或要求表达尽管不完全一致,但涉及的

---

① 参看厦门大学官方网站信息,https://jwc.xmu.edu.cn/2160/list2.htm。

要点基本相同,综合而言包含以下五个方面。

(一)符合专业性要求,与学生所学专业相关性强

上述关于毕业论文选题的要求中"选题应符合本专业培养目标要求""选题必须能够表达学生对所学专业理论和专业技能知识的认识和体验""(选题)应符合专业培养目标要求,密切联系本学科内容,体现专业科学研究训练的基本要求,有益于学生综合运用所学的专业理论知识与技能",这些表述的指向性非常明确,都强调了选题与专业的关系,要求选题要符合本专业的培养目标,体现本专业的专业理论和专业技能。不过在实际操作中,具体如何判断专业相关度是个问题。首先应该明确的一点是,对这些要求的理解往往见仁见智,所以没法给出确切的指标去判断什么样的题目属于某专业范畴,什么样的不是,而是往往有赖于指导教师根据实际情况来判断。一个大体的判断原则是与专业有一定的相关性,通俗地说是比较沾边即可,比如,广告专业的学生如果研究武术在当代社会的传播,这应该是符合专业要求的,因为涉及传播,但如果仅仅是研究武术的教学,哪怕其中涉及传播方面,也是不符合专业相关的要求的。也有的老师会认为专业的限定应该更严格些,就要紧扣本专业主题,但这种想法不太符合前述关于毕业论文选题要求中"鼓励体现学科交叉的选题"的指导思想。其次,在选题时应该牢记专业性的要求,因为这是判断学生专业水平,判断学生毕业论文是否合乎要求的一个基本条件。这一条放在后边说,这里强调的是,毕业论文选题范畴可以有相当大的弹性,边界也不容易清晰界定,但这与专业性的要求并不矛盾,在选择题目时学生应有意识地选择更贴近本专业、专业性强的题目。

(二)工作量和难度要适当

毕业论文的工作量不是越大越好,题目也不是越难越好。首先是因为毕业论文有明确的完成时间和提交时间的要求。日常生活中有很多事情对时间有明确的要求,比如高铁、航班如果准点出发的话,乘客必须在规定时间前到达,否则就会错过。毕业论文也一样,有明确的提交时间要求,错过了提交时间就会导致延期答辩,有可能会影响毕业。高铁或航班赶不上还可以选择其他班次或延后,可是毕业论文答辩的时间如果赶不上,通常只会给一两次弥补的机会,具体情况要看各学校的管理规定。毕业论文的工作量太大或者题目太难可能会导致学生在规定时间内完不成,不能按期提交,进

而答辩延后,甚至影响毕业。其次,本科生与硕士研究生和博士研究生的培养要求均不同,本科生毕业论文的学术水平和论文体量的要求比后两者要低得多,指导和管理程序也相对简单,这也意味着就工作量和研究难度来说,本科生的毕业论文在这三个层次当中最低。所以本科毕业生只需选择适合本科毕业要求的论文选题即可。尽管作为指导教师,一般会鼓励学生挑战有一定难度的题目,但也会建议学生权衡论文选题的可行性,避免出现在论文交稿截止日期前无法提交的困扰,甚至由于题目太难,陷入做到一半无法继续进行的困境。

(三)选题有一定的研究价值

论文选题要求中,"应与科学研究、技术开发、经济建设和社会发展紧密结合,尽可能反映科技创新和社会生产创意的需要",这样的表述隐含了对毕业论文选题要有一定研究价值的要求,无论是理论价值还是实践意义。而之所以"鼓励学院(系)与科研院所、企事业单位联合拟定题目;鼓励选题与教师科研课题相结合;鼓励选题与学生科创项目相结合;鼓励体现学科交叉的选题",一个重要原因就是,从有实际研究价值的课题生发出来的毕业论文题目更有可能具备一定的研究价值。不过我的一己之见是,对于本科生毕业论文来说,其目的的重点在于学术训练和专业知识综合运用能力的训练,对研究价值不必苛责。倒是有一点可以作为基本要求,即所做的毕业论文要对学生自身有价值有意义。对此我在课堂上是这样对学生解释的:毕业论文对学生自身有价值有意义直白地说就是对学生自己有用,有用的直接表现或者是提升了自身的理论或实践水平,或者是拓展了某领域的知识,或者是对继续深造或就业有帮助。而这种有用的意义在于,对学生有用的毕业论文一定是基于学生的兴趣或独特视角展开的研究,学生必然是在做的过程中下了些功夫,有一定的深度和原创性,自然具备一定的研究价值,进而符合选题有一定研究价值的要求。

(四)原则上一人一题独立完成

毕业论文原则上一人一题独立完成,此要求应该是缘于毕业论文的侧重点是对学生独立思考能力的培养和综合运用所学知识能力的训练,也是对个人学术素养的考查。团队作业通常更侧重于结果,比如一些比赛就是用团队作业的方式,注重的是集合团队的智慧产出成果。有些课程用小组作业的方式,应该缘于考查的重点是学生学习了相关知识,能够输出什么样的结果,当然,也不排除授课教师不想看太多作业的情况。还需要注意的是,由于毕业论文也是对学生个人学术素养的考查,因此毕业论文应该由学生本人独立完成,即便有些研究实施需要各方面的帮助,但实施的主体应该是学生本人。之前在课程的教学当中,有学生为自己的毕业论文设计了一项研究,需要做网络问卷调查,学生拟定的方案是自己出资委托专业调查公司来做。尽管学生设计的方案总体上还比较合理,但由于其设计的问卷调查是所做研究的主体部分,我当时明确表态,不赞同这样做,原因在于尽管学生只是让专业调查公司做执行,方案设计和数据分析都自己做,可是调查执行的工作量在研究中占比很大,相当于较大比例的工作量不是学生独立完成的。不过,如果研究选题属于从既有的无论是老师的研究课题还是机构立项的研究课题中派生出来的选题,则可以对学生独立完成的要求有所放宽,但整体而言还应该是以学生独立完成为主。

(五)利于专业及计算机、英语等应用能力的培养

如果学生认真完成一篇毕业论文,专业能力的培养和提高是必然的。计算机应用方面至少在办公软件的使用上会更加熟练,英语能力也会因为查阅英文文献得到提高,这些不言而喻。在此要强调的是,在选题时应该有意识地选择能够更有利于这些方面的应用能力提高的题目。比如,有学生想就某一理论进行深入研究,就可以选择以相应理论为分析依据展开研究的选题;有学生想加强某些研究方法的训练,就可以在选题时有意识地设计使用这种研究方法的选题;有学生想提高英语能力,就可以以英语文本为分析对象,或者做中英对照的比较研究之类的选题;有学生想强化某个质化资料分析软件或数据分析软件的学习,就可以设计使用相应软件的研究选题。不过关于软件的学习和使用需要提醒一下,我见过很多学生信誓旦旦地要学习某个新的软件将其应用于论文研究,最后却不了了之,究其原因不外乎缺乏对自己能力和时间,以及毅力的评估。这种情况下通常会影响毕业论文的质量,应该作为读者的前车之鉴。

二、选题的要点与路径

如果单纯从学术研究的角度来看毕业论文的选题,其思路非常明确,就是先选择主题,然后形成研究问题,并初步拟定论文题目和确定研究方法,至此选题完成。当然

已完成的选题也有可能随着研究的进行再调整甚或完全推翻。

主题如何形成？有一种情况相对简单，即存在一个既有的主题作为毕业论文的选题，这个主题可能是指导教师指定的，也可能来源于学生本人或合作者之前从事的研究课题，在此基础上选取毕业论文的研究主题。还有就是基于学生的个人兴趣，学生依照自己的研究兴趣选取毕业论文的研究主题。一般而论，毕业论文的主题概括来讲应该是来源于文献加思考。

理论上来讲，所有的研究都应该是文献先行，毕业论文的研究也不例外。通过查阅文献，可以了解到专业领域内研究者们都做了哪些研究，是如何做的，有什么可以借鉴和参考的；可以了解到关于某一主题，研究者们都是用什么样的思路、理论和方法进行研究的，得到了什么样的研究结论；可以对某一理论或某一研究方法进行深入了解，从中获得对研究设计的启发等。正因为文献的重要性所在，在学校关于毕业论文的要求中会专门讲到文献的相应内容，本教材也一样，因为其重要，所以用单独一章的篇幅专门阐述，因此在这里不过多叙述相关内容，更多关于文献的内容请参看第三章。

在选题过程中，思考是自始至终要做的，比如，查阅文献时，查阅哪方面的文献，怎么查，查阅文献后怎么用，都需要经过思考达成判断。在此要强调的是选择研究选题时的思考方向以及如何思考。一般而言，毕业论文的选题，从操作层面来讲可以简单地概括为：在一定范围或领域，查阅相关的论文，查阅专业文献，关注相关行业的热点，从中找到自己感兴趣又有研究价值的选题。感兴趣很重要，兴趣是最好的老师，如果选择的是学生自己感兴趣的论文选题，由于是兴趣所在，学生很可能之前在相关领域有一定的学术或实践方面的积累，也更愿意为后续研究付出时间和精力。关于研究价值前面已作阐述，这里不再赘述。

正如同学们在学习任何课程时，不仅要知道原理，还要能将其应用于实践。说到实践必然考虑主客观环境的影响，所以在考虑毕业论文的研究选题时，在遵循前述选题要求并因循以上选题路径时，还可以结合自身的实际情况，思考以下问题：

自己毕业后的去向，读研还是工作？

如果读研，感兴趣的专业方向、研究领域是什么？

如果工作，有没有意向性的就业行业、工作范畴？

在实习工作中有没有感兴趣的问题或可借助的资料？

如果这些问题的答案都很清晰的话，那毕业论文的选题可以从这些答案中自然生成。这样是不是太功利?答案是否定的。作为本科生的毕业论文,其作用之一在于训练提升学生发现问题解决问题的能力。发现问题,问题可以来源于资料、理论,更可以来源于实践和实际需要。我会在授课时鼓励学生选择对自己"有用"的毕业论文选题,因其有用,学生能够更认真地对待,更扎实地去做,而不是东抄西抄走个过场。对于计划进一步深造的学生,有用的选题可以成为其后续学习的"垫脚石",让这次的毕业论文形成未来求学深造的基础;对于打算进入职场的学生,有用的选题可以成为进入职场的"敲门砖",通过这次研究,能够对相应的行业、相关的领域有较深入的了解,甚至在面试时可以给考官"讲讲课"。当然,前提是做好这些有用选题的毕业论文。因此,虽然做毕业论文、写毕业论文是一项学术活动,但在选题或从事研究时,是有相当的灵活度的,这种选题的灵活度与学术规范、严谨的研究态度并不矛盾。

当我们明确了大致的选题方向后,我们的选题工作并未完成,我们还应该有进一步的思考,形成对论文的整体把握,确定论题,提出研究问题,形成研究假设,并尝试作答,同时设计论文的题目。此时我们该如何思考?《人文与社会科学学术论文写作指南》[1]对此给出了建议。以下是该书作者阐述如何用头脑风暴的思考方式,在选题时形成初步的论点:

> 学生经常问这样一个问题:"我甚至连研究都没开始,怎么可能形成一个论点?"确实,你的论点是你研究的产物,但花六个月时间钻研档案,再花一年时间写论文,最后才意识到你的论文没有可以证明的论点,那将是浪费时间的悲剧。所谓的"头脑风暴"的方法,将指导你形成一个实验性的论点或者科学用语上所谓的"有可操作性的假设",从而形成开题报告的中心思想,为初始阶段的研究提供方向,并且成为你的最终论证,尽管很可能随着研究的深入,你将抛弃它,转而提出更具说服力的论点。但是我必须强调:一篇没有论点陈述的硕士或者博士学位论文的开题报告就不算开题报告;不要在没有论点之前就开始研究。

以上选题思考方式,对本科生同样适用。下面这段话更进一步阐述了通过不断地思考,提出假说,形成论点的过程:

---

[1] 查普曼.人文与社会科学学术论文写作指南[M].桑凯莉,译.北京:北京大学出版社,2012:2-14.

思考的时刻到了。沐浴、慢跑、爬山,做一切有助于思考的事情,并在这些过程中冥思苦想。拓宽思考范围,跳出你接收智慧的条条框框。形成论点是一个反复思考求证的过程。

本科毕业论文的过程管理中通常没有撰写开题报告的环节,但上述思考过程非常值得我们在选题时加以借鉴利用。即当我们在选题之时就应该对论文形成大致完整的想法。该书还介绍了从查找文献到探求论点的过程中辅助思考的方法:

作为头脑风暴的辅助,把一张纸水平放置(三折),并在其左侧记录下速读二手资料和略读档案资料时所意识到的问题,尤其注意其中的矛盾、讽刺、悖论,或运用现代语言风格的"不符之处"。是什么卡住你的思路使你觉得行文古怪呢?什么是你觉得叙述中所缺失的呢?

选出其中最重要或令人困惑的问题,绞尽脑汁去继续头脑风暴。基于你在阅读二手资料时对该领域的理解,在纸的右侧大概记下所有可能的答案,其中最具说服力的那个答案就成为你的研究假说。理想状态是,它将是一个能够尽可能统合不符之处的总体论点。当然,你的假说会存在至少一个反面观点,这也是你需要讨论的内容。一个完整的头脑风暴图表仿佛一个沙漏。最后,写下你的论文论点陈述。

注意,如果你无法确认一个或更多的反面观点,那么你的论点不可以称为论点,只能称为观察描述。不过,有的时候存在另外一种可能,也就是说,即使你所思考的问题仅仅是观察所得,但是通过与其他观察进行对比,它可能也会成为一个强有力的论点。

上述阐述说明了完成选题的整个思考过程,其中有几点要注意:首先是写下来,不要吝惜笔墨。无论是查阅的资料还是想到的观点,要写下来,然后去分析,去思考。因为查阅资料和思考都是层层递进、不断深入的过程,只有写下来才能够让相应的工作不只是停留在表层,才能够不断地在上一次的基础上推进。我在指导学生毕业论文时对学生的一个要求就是,除第一次选题讨论外,后续的讨论都要拿着文本进行,文本可能有前一次讨论的总结,也可能有学生进一步的想法,还可能有新查阅到的文献带来的启发,更可能这几方面都有。这样要求的益处是,不再只是对头脑中一些简单无序的想法展开讨论,而是对成文的不断深化的观点进行探讨。这样做避免了重复劳动,每一次的讨论都会使研究工作在原有基础上向前推进。其次要说的就是头脑风暴可以是学生自己来做,但更应该是多与指导教师沟通,每一次与指导教师的沟通都作为一次头脑风暴。如果学生能够多与指导教师沟通讨论,所获得的将不仅是对于毕业论文的建议,还将体会和学习到指导教师看问题解决问题的思路与方法,这些收获可能远大于毕业论文本身的价值。最后,这项工作有相当大的弹性,可能需要反反复复做很多次,也可能会推倒重来,但经过数次的探讨终能拨开云雾见青天。

另外,在上述思考过程中,应该同时考虑起什么样的毕业论文题目。设计一个暂定的标题可以起到框定研究主题和界定关键词的作用,如果经过反复思考还不能明确一个毕业论文题目,只能说明关于这个选题你还没有想清楚,那就只好再继续思考吧。《人文与社会科学学术论文写作指南》一书中写道:

> 一种观点认为,最有效的标题仅仅由简单词组构成,例如"Trade and Diplomacy on the China Coast"(《中国海岸的贸易和外交》),另一种观点则主张,学术性标题需要一个副标题以形成一个完整的描述,例如"Cherishing Men from Afar: Qing Guest Ritual and the Macartney Embassy of 1793"(《怀柔远人:马嘎尔尼使华的中英礼仪冲突》)……一般来说,主标题是与论点相关的通俗短语,副标题则要表明研究的主题和时期。

三、选题举例

选题是做毕业论文的第一步,评价一个选题不是用好或不好,而是用恰当不恰当,一个恰当的选题能够起到事半功倍的效果。理论上讲任何选题都可以做,但本科生受知识水平、学术能力,以及时间、精力、资金等各方面条件的限制,要找到恰当的选题才能在规定的时间内完成符合一定要求的毕业论文。

什么样的选题是恰当的,什么样的是不恰当的,很难用统一的标准去判定,以前面

提到的选题要求为参考依据,在评价毕业论文选题时可以从这样几个方面来考量:

一是专业范畴。毕业论文的研究选题要在本专业的范畴之内。以广告学为例,其专业研究范畴相当广泛,但也还是可以有所区分,比如广告学专业可不可以研究电影,当然可以:电影中的植入广告,电影的传播、营销,电影受众的研究等,都属于广告学专业的研究范畴。但如果是较纯粹的电影拍摄、创作等方面的研究应该就不属于广告学专业的研究范畴了。如果学生就是对这些方面感兴趣,可以将相应的选题进行延展,比如电影拍摄与电影类型化市场,电影创作与受众心理等相关联的研究,就都属于广告专业研究的范畴。当然,也有教师认为学生应该尽量研究与广告本体相关的选题,但这与当今广告越来越与其他学科交叉融合的趋势,与学生就业面越来越宽泛的趋势都是相悖的。所以说,学生在选题时,脑子里要有专业范畴这根弦,但也不必作茧自缚,不敢越雷池一步。

二是言之有物。言之有物,也可以说是有研究落点。本节前述内容关于选题要有理论意义、要解决实践性问题的要求,如果转为通俗的说法,就是选题要言之有物,研究能够聚焦到某些点上,即有研究落点。也就是说学生选的研究选题是真的能够通过研究,说出些观点和例证来。以"有用"的视角来看,真的能够通过研究,加深对该选题所涉领域的理论或现实问题的理解和认识。所以,在选题时不要停留在东拼西凑写一篇文章的认知层面,要选一个能够去深入了解,实际去做些什么的题目。这里只是提出方向和目标,具体怎么去做的阐述在资料收集和实证研究方法的相关章节再讨论。

三是可行性。理想很丰满,现实很骨感。很多学生的毕业论文选题亦如此。多有意思、多有价值的选题,如果不具可行性,不可操作,不可实现,那也等于零。有很多学生,论文开个头做不下去了,临时换题,多数都是由于在最初选题时对可行性的评估不够。

尽管单从题目并不能够完全判断出论文能做成什么样,但可以按照上述几个方面对选题做出方向性的判断。以下是课程中学生实际的选题例子,以及我的评价。我们先来看一些有明显问题的选题。

有些选题太宽泛。比如,"广播广告对儿童消费者购买行动的影响",这个选题有比较明确的关键词,广播广告、儿童消费者、购买行动,但研究内容和研究方向的所指并不明确,广播广告的范畴较大,如果能够将广播广告适当进行窄化,研究的界定会更为明确。再如,"新媒体时代北京城市形象塑造与传播研究",这个选题相当宏大,新媒体时代、北京城市形象塑造等关键词涵盖面过宽,是很不提倡的选题类型。

有些选题太老旧。比如,"中国品牌酒类视频广告中的人物形象研究"这样的选题,酒类的产品类型,以及视频广告中的人物形象研究,这样的研究视角之下的既有论文较多,如果不能找到好的切入点,会显得比较缺乏新意。当然这类选题如果适当改造,结合热点或新的研究视角也还是可以做的。

有些选题流于空泛。比如,"新媒体高速发展下的微信朋友圈广告传播力的研究与分析"。宽泛不同于空泛。要避免宽泛,可以通过限定加以窄化达到合适的程度,要避免空泛,则需要在思维上摒弃"新媒体高速发展""传播力"这样一些概念化的词汇,将想要研究的内容具体明确地表达出来。

有些选题限于描述。比如,"近五年来汽车的市场营销现状和策略研究——以北京现代汽车为例",这种选题的研究指向基本限于描述,策略研究通常难以进行,缺少研究分析的张力,是应该被直接否定的选题。需要注意的是,并不是说描述性的选题不可以做,如果描述的是较新颖的事情,或者描述之后有一定的探讨空间,或者是以描述为主的对比分析,这些情况都是可以接受的。

有些选题难于操作。比如,"浅析中国互联网创业企业的市场部署及营销建设现状",这个选题有很强的实践价值,如果想进行全景式的研究,对本科生来说难度相当大,即使能够进行个案式的观察研究,也有一定难度,所以在设计这样的选题时,需要想清楚如何去做。

像上述这些选题,授课教师可否帮助指正修改?如果是这样的选题,我一般只会指出问题所在,不会太明确地指出修改方向。原因在于,之所以有这样的选题,大多数情况是学生做的资料收集工作不太够或者是欠思考。所以此时要解决的不是论文选题的问题,而是督促学生进入毕业论文工作状态的问题。无论如何,学生应该提出比现有选题更为优化的选题,才可进行下一步论文选题优化完善的工作。

好的论文题目应该能够让读者比较容易地辨认出研究的对象、研究的视角、研究的落点等。比如,《付费软件订阅制转型(SaaS 模式)对个人消费者付费意愿的影响研究》和《浅析 Sneaker 转卖平台营销模式对用户消费心理的影响》,这两个题目都指明了一定条件下的消费者为研究对象,对研究内容也有清晰的表述;《广告作品中"猫咪元素"的表达分析——以 ADGuide 广告案例库(2015 年—2019 年)为分析对象》和《我国高校招生宣传片的传播内容分析》则确认了以某种界定下的文本为研究对象,且指明了研究方法;《公益广告的罪恶感诉求研究——符号学视野下的内容分析》在指明研究方法的同时,对研究视角和研究落点都有明确的表述;《产品卷入度与广告主角的选择对微电影广告说服效果研究》《手机游戏社交裂变广告的感知价值研究》《国产品牌联名营销策略及效果研究——以喜茶为例》《家电类视频广告中的两性角色形象研究》的研究视角也都较为明确;《品牌联名营销效果研究——以 Nike 为例》和《浅析三星奥运营销策略及特点》则是研究落点清晰。

第二节 研究设计的主要考虑因素

对于本科毕业生而言,做毕业论文是一项大工程,大工程的实施要有规划有蓝图,所以在选题基本明确之后,着手做毕业论文之前,需要仔细设计研究和写作的方案,在此称为研究设计。

毕业论文的选题与其中所涉及的研究方案的设计有可能同步进行,也可能交替推进,也就是说在思考选题时也要考虑研究如何做,即要进行研究设计。对研究设计可以有两层理解,一是包含选题在内的整体研究的设计,二是就具体的研究方法所涉的研究实施相关的设计。关于这两点,在后面的内容中会依次阐述,在此先将进行研究设计时所涉及的一些主要概念和问题加以梳理。在授课时,这部分的内容主要参考了《社会研究方法》①一书的第一篇《研究概论》,以及第二篇《研究的建构》,该书在这两部分详尽地讲解了与社会研究方法有关的一般概念、基础知识、研究理念等诸多方面内容,以帮助读者理解该书后续的研究方法部分。如果读者能够详读该书这两篇的内容,对阅读本教材后续章节也会大有裨益。

一、研究目的与研究类型

"社会研究要满足许多目的。三个基本的有用的目的为:探索、描述和解释。"探索意指对一些议题进行探讨以形成初步认识。描述是指"研究的主要目的是描述情

---

① 巴比.社会研究方法[M].11 版.邱泽奇,译.北京:华夏出版社,2019:7-106.

况及事件"。解释通常在描述之后进行,对事物或现象发生的原因进行解释。

一般性研究的研究目的可能是探索、描述和解释这三者其中之一,也可能兼而有之,但毕业论文所涉研究通常不能仅仅为了描述,因其要提出研究问题并加以论证,进而回答研究问题,仅有描述通常不能达到此效果。因此毕业论文的研究经常是以解释为主要研究目的,也有以探索为研究目的的情况,或者以探索性研究为基础,以解释性研究为目标。而实际上,不论我们的研究目的最终呈现出来的是哪一种,我们或多或少都会做一些探索性研究,因为"探索性研究通常用于满足三类目的:(1)满足研究者的好奇心和进一步了解某事物的欲望;(2)探讨对某议题进行细致研究的可行性;(3)发展后续研究中的使用方法"。"在社会科学研究中,探索性研究是很有价值的。当研究者要开发新的研究领域时,尤其如此;研究者常常借助探索性研究来获得新观点。探索性研究最主要的缺点就是很少圆满地回答研究问题,尽管它可以为获得答案和寻求确切答案的研究方法提供线索。探索性研究之所以不能提供确切的答案,是因为它的代表性。"

进行研究设计需要了解不同的研究类型,这样才能针对不同类型的选题自觉地应用不同类型的研究。《社会研究方法》第一章中以"社会研究中的一些辩证关系"为题,讲述了不同视角下不同的研究取向,在此以研究类型简称并概述之。

个案式和通则式解释模式。以研究对象或研究结果的适用情形来区分,可以将研究区分为个案式解释模式和通则式解释模式。个案式解释,即研究者试图穷尽某个特定情形或是事件的所有原因,例如学生选择某所大学的所有原因。通则式解释,即研究者试图寻找一般性的影响某些情形或者事件的原因,例如找到影响学生选择哪所大学的几个关键因素。两种研究模式适用于不同的研究目的,当研究的关注点聚焦于个案时,对应的是个案式解释模式;研究的关注点聚焦于一般的影响因素时,对应的是通则式解释模式。很多情况下,研究者根据研究需要会同时使用这两种解释模式。

归纳与演绎理论。以不同的思考方式或不同的思考路径来区分,可以将研究区分为归纳和推理两种思维方式。"归纳式的推理,或者说归纳,是从个别出发以达到一般性,从一系列特定的观察中,发现一种模式,在一定程度上代表所有给定事件的秩序。需要提醒你们注意的是,你们的发现并不能解释为什么这个模式会存在(它已经存在了)。""演绎推理是从一般到个别,从逻辑或理论上预期的模式到观察检验预期的模式是否确实存在。请注意,演绎是从'为什么'推演到'是否',而归纳模式正好相反。这两种不同的方法都是到达科学的有效途径。而两者的结合可寻求对事物更有力、更完整的理解。"

定性与定量资料。以研究中的资料是否具有数据化的特征来区分,可以将研究分为定性研究和定量研究,即前述提到的质化研究和量化研究。质化研究的资料不具有数据化的特征,量化研究的资料具有数据化的特征。例如,当研究者请被访者评价一部电影,得到"很喜欢"的回答时,资料不具有数据化特征,研究者进行的是质化研究;当研究者请被访者依据自己对这部电影的喜欢程度进行 10 分制打分,分值越大喜欢的程度越高,所得资料是实际的数值,研究者进行的是量化研究。毕竟大多数研究都是以研究资料为基础展开的,所以以资料性质来区分的质化研究和量化研究是默认的研究类型的分类方法,即在没有任何提示的情况下,我们说到研究类型指的就是质化研究和量化研究两种不同性质的研究。本教材也像其他教科书一样,在讲述研究方法时,以质化研究方法和量化研究方法作为区分,分别讲述。质化研究和量化研究各有适用情况,也常常综合应用,这在后面有详述。

抽象研究和应用研究。以研究的动机是否以应用为导向来区分,可以将研究分为抽象研究和应用研究。抽象研究也称为纯粹研究,研究的出发点是"纯粹的知识"获取。应用研究与抽象研究相反,强调研究的实践价值或意义。抽象研究和应用研究各有其研究价值,对于广告学这样的应用学科,研究选题大多属于应用研究,一般并不特别去区分两者。

不同的研究目的可能对应不同的研究类型,但于此并无绝对规则,上述有关内容的概述是想让读者在进行研究设计时头脑中有相关概念,作为思考背景。

二、研究范式、理论与研究

"范式是用来组织我们的观察和推理的基础模型或参考框架。"对同一事物,通常可以有多种解释方式,范式隐含于不同解释方式之中。《社会研究方法》一书中列举说明了宏观与微观理论、早期实证主义、社会达尔文主义、冲突范式、符号互动主义、常人方法论、结构功能主义、女性主义范式等社会科学研究的经典研究范式。这些研究范式对本科毕业论文的写作当然有一定的借鉴和指导意义,但在此想强调的一点是,学术训练是一个过程,需要循序渐进,本科毕业生如果能按本教材的索引,了解到进行研究设计时需要有一定的参考框架或研究视角即可,这也是在此仅摘录范式概念而不对具体范式进行阐述的原因。

> 当我们认识到自己运用了某种范式时,有两个好处:首先,我们能够更好地理解那些采取了不同范式的人的看起来很奇异的观点和行为。其次,我们还能够时不时地跨出我们的范式,并从中获得意外的惊喜。我们突然之间就可以以一种新的方式来看待和解释事物。而当我们将范式错认为现实时,是不可能做到这一点的。

相比于范式提供观察生活的方式和关于真实本质特性的一些假设,理论又是什么,能够提供什么。"理论指用来解释社会生活特定方面的系统化的关联性陈述。因此,理论赋予范式真实感和明确的意义。范式提供视角,理论则在于解释所看到的东西。"书中也解释了社会科学理论与自然科学定律的区别,"我们不能将定律和理论混为一谈,定律是观察到的规则,理论则是对与特定生活领域相关的观察的系统解释。譬如,关于青少年不良行为、偏见、政治革命的理论等。"理论与研究的关系是我们在进行研究设计时要搞清楚的。

什么是研究?"人类研究的目的在于回答'是什么'和'为什么',我们通过观察和推理来达到这两个目标。"简言之,研究就是通过观察和推理来了解事物本身或事物发生的原因。观察有赖于一些特定的方法,推理分为归纳和演绎两种思维路径。"在实际的研究中,理论和研究通过永无止境的演绎与归纳的交替而进行互动。"演绎法是先推论后观察,在演绎模式中,研究被用来检验理论。归纳法则是从观察开始,在归纳模式中,理论是从对研究资料的分析中发展出来的。"逻辑和观察都很重要。在实际研究中,演绎法和归纳法都是建构理论的必经之路。"

研究者通常希望理论与研究能够产生互动,形成新的解释,但也可能理论议题只是实证研究的背景,或者引用特定的实证资料来支持理论陈述,还有些研究,根本就没有用到理论。无论哪种情况,只要能够真正地关照到实际研究的需要就好。正如有学生在做毕业论文时会问,我找不到对应的理论解释我的研究怎么办?我的回答是:那就把研究做得更深入更具体,把问题和发现描述得更清晰。

三、研究实施的要素

一项研究从研究选题,到研究实施,再到资料分析并完成报告或论文的撰写是一个完整的过程,其中的每一个环节都非常重要。在研究设计时对研究实施的环节也应重点关照,即对如何具体做研究进行合理规划,影响研究实施的因素有很多,其中比较关键的是研究的分析单位和研究的时间维度。

(一)研究的分析单位

研究的分析单位意指研究什么和研究谁。尽管社会科学研究中通常的研究对象是个体,但也有可能是群体、组织、社会互动或社会人为事实。不过由于群体是由具有某些共同特征的个体组成的,组织也是不同个体的集合,社会互动通常情况下也是由个体参与完成,社会人为事实,即"人类行为或人类行为的产物",一般也会涉及个体,因此,多数情况下,研究的直接对象终归会转化为个体,但研究的解释目的有可能指涉群体、组织、社会互动或社会人为事实,所以对分析单位的判断依据的不是直接研究对象,而是研究的解释目的。分析单位不同,研究的指向不同,资料的收集方向和研究的分析策略都会有所区别。

(二)研究的时间维度

研究的事件是现在的还是过去的,是对现实的描述还是对未来的预测,这些在时间上的区别会影响研究的设计与实施,通常以时间作区分将研究分为共时性研究和历时性研究,在《社会研究方法》一书中又将其细分为三种:截面研究、历时研究和近似历时研究。截面研究,即通常所说的共时性研究,"是对一个代表某一时间点的总体或现象的样本或截面的观察。""历时研究,是一种跨时段观察同一现象的研究方法。可进一步细分为趋势研究,即对一般总体内部历时变化的研究;世代研究,即对亚总体或世代历时变化的研究,世代通常指同龄人群体;专题群体研究,与趋势研究和世代研究相似,所不同的是,每次访问的都是同一批受访者。"近似历时研究,之所以有这样的界定,缘于"历时研究很多时候并不可行,也缺乏实际操作的手段"。此时,通过对截面资料的收集和分析,对历时的过程做出大致的结论。近似历时研究的可行性在于以下几种情况：截面资料隐含着逻辑性的历时过程；只要变量的时间顺序清楚，就可以进行逻辑推论；截面资料中的年龄差距通常会构成推论历时过程的基础；通过回忆也可获得历时性的资料。

四、研究伦理的关照

毕业论文研究同其他研究一样，都应该对研究伦理有充分的关照。遵循的基本伦理准则，一是自愿参与，即被研究的对象或者说研究的参与者是出于自愿而不是被强迫或诱导；二是对研究对象无害，即研究不应对研究的对象或者说研究的参与者造成心理或身体的，显在的或潜在的伤害。事实上，针对不同的研究，对遵循基本伦理准则的判断会不尽相同，因此当我们在进行毕业论文的研究设计时，只需牢记这样的基本伦理准则，自觉地去审视判断，以避免研究伦理问题的出现。

值得注意的是有关网络新媒体研究中往往会出现与传统认知不一样的伦理问题，因为新媒体环境下的隐私保护等问题变得更为突出。事实上，如果能将相应的问题作为毕业论文选题加以研究，无疑是很有现实意义的。

第三节 研究设计的重点内容

本科生毕业论文与研究生毕业论文管理过程的一个不同之处就是本科生没有撰写开题报告的环节。开题报告大致等同于毕业论文的研究设计，没有这个环节并不意味着其不重要，只是相应的过程被合并于毕业论文的指导与撰写当中。在此有必要对毕业论文撰写中两个必不可少的内容研究思路和研究方法，以及与之相关的问题加以说明。

一、研究思路

研究思路可谓研究设计的整体体现，基本上反映了研究设计的相关内容，在本科毕业论文撰写中，一般都会专辟段落对研究思路加以阐述，以使读者了解研究者的整体研究设想。研究思路部分的撰写至少应包含对研究主题与研究问题的阐述,对研究内容的说明,以及针对不同的研究内容所使用的研究方法。对于研究问题的阐述应该注意同时反思优化研究选题,如果研究选题不够聚焦,比较散,则应想办法让研究问题更集中,更有针对性,如果研究选题比较流于表面,比较浅,则应想办法让研究问题更深入,更具体。

研究思路是研究设计的体现,所以在撰写研究思路时,毕业论文的写作大纲也会同时产生,论文的研究内容和论文的谋篇布局往往成为研究思路部分的重要内容。应该注意的是,不要只是在研究思路部分将毕业论文各章节的内容简单罗列,应该加以阐述和说明,特别应该指出用什么样的研究方法研究相应的内容,这样才有利于读者理解毕业论文作者的研究和写作思路。

写作大纲作为研究思路写作的副产品,在毕业论文中并不直接呈现,但作为研究设计的过程,在此也做些说明。在考虑写作大纲时应该注意的是欲以何种方式阐释分析研究者所提出的研究问题,按照不同的思维逻辑形成类似电路的串联式的线性的层层递进不断深入的结构;或是并联式的,总论——分述之——总结的总分总式论文结构。

除了以文字阐述研究思路外,也可以用图示的方式呈现研究思路,或者以研究框架的名目另辟段落。图示应该注意的是不要流于形式,而是真正能够直观地表现出整体的研究思路以及论文种各部分之间的联系,以及每一部分内容与研究方法的对应关系。本章案例中列举了研究思路及图示的例子,不是作为模板,而是仅仅作为一个样例,来说明研究思路图示的呈现方式。

二、研究方法

在毕业论文当中,是要求写明研究方法的,其所占篇幅可以是一章,也可以是一章中的一小节,甚至一小节中的一点。无论如何,研究方法会出现在毕业论文的目录当中。其所占篇幅的多少与研究方法在论文中的作用有关,有些毕业论文以某种实证研究方法为主体,有必要详细阐释该方法的设计、实施和分析过程,则需要一章的篇幅详细说明;多数毕业论文内容主体是对论文选题分析论证的过程,只需要对研究方法有所阐释即可,篇幅根据实际需要,可长可短,用一节或一节中的一点即可。阐述研究方法时需要注意的是,对于不太常用的或者较新的研究方法,可以着重对研究方法本身加以介绍,比如诸多应用了"用户研究方法 ZMET(Zaltman Metaphor Elicitation Technique,隐喻抽取技术)"[①]的论文都会对这一结合深度访谈和映射技术的研究方法在论文中加以较为详尽的阐释。对于较为常用的研究方法,如调查法、实验法、内容分析、深度访谈等研究方法无须像教科书似的罗列其定义和通用方式,而是要针对自己的研究论题,阐释如何用该方法解决研究问题,如何具体实施,要让读者明白研究者如何籍以使用该研究方法收集研究资料,并加以论证,得到研究结论。所以,研究方法部分仅仅写到以下这种程度是不可取的:

> 深度访谈法是获取一手资料研究数据的重要方法,是定性研究的重要方法,本文的研究课题是对内容型社交电商平台顾客契合驱动因素及机理的探索,选取典型案例抖音电商平台进行深度探索,一手访谈资料是重要的资料来源,可以得知被访谈对象的动机、态度和情感。
>
> 内容分析法是对研究收集资料进行深入分析的一种方法,通过研究资料的表层含义探究其本质。内容分析法是一种将具有明显双向含义的内容进行系统性、客观性的定量描述的课题研究方法。在学术界的不断完善和探索当中,内容分析法逐渐完善,并普遍应用于社会学、传播学等社会学相关的研究当中。
>
> 问卷调查法是定量研究普遍应用的研究方法,研究者针对研究假设设计相关题项,进行问卷收集和统计分析,以验证研究假设。本文通过内容分析法得出内容型社交电商顾客契合驱动因素,提出相关假设,根据文献资料设置相关题项,进行统计分析,以验证研究假设。

上述内容摘自一篇待评审的毕业论文,文中对研究方法的描述缺乏针对性,行文中给出的关于该研究的有价值的信息少之又少,读者阅后并不能知道每一种方法具体是怎么做的。其中最后一段的表述更是不知所云。这是一个典型的反例,对所做的研究完全没有说清楚,不足取。也有一种情况是作者认为先在研究方法处简要交代,之后再专辟章节进行详述。这样的想法是可以的,但要注意,简要地写是要把最基本的信息交代清楚,而不是像上面例子中那样写得语焉不详,指向不明。以上种种问题,读

[①] 胡昌平,马丹.基于 ZMET 的用户心智模型构建[J].情报科学,2011,29(1):1.

者应引以为戒。

研究方法通常以所收集资料的性质来区分:质化研究方法和量化研究方法。质化研究方法常用的方法包括小组访谈和深度访谈,量化研究方法常用的方法包括调查法、实验法、内容分析法。在研究设计时,针对不同的研究对象,以不同的研究范式为出发点,结合不同的研究理论,会有不同的研究方法供选择,研究者需要做的就是找到恰当可行的某一种方法,或某几种方法,应用于实际研究中。如何根据自身的实际研究选择恰当的研究方法是本教材的核心内容,相关内容在后面加以详述。

小　结

本章的学习重点是第一节,其中阐述了毕业论文选题的基本要求(符合专业性要求,与学生所学专业相关性强;工作量和难度要适当;选题有一定的研究价值;原则上一人一题独立完成;利于专业及计算机、英语等应用能力的培养),以及进行毕业论文选题文献先行,勤于思考,并结合实际需要的选题要点与路径。读者可结合文中的选题举例,仔细体会和练习。对于第二节和第三节研究设计的相关内容,笔者在写作时有意简化了繁复的推论阐述等过程,意在让读者建立基本认知,在后续章节中再逐步阐释。在这部分已经涉及毕业论文的撰写,同样没有完全展开讲解,只是重点介绍了研究思路和研究方法部分的写作要求,读者经过后续章节的学习,再回头阅读这部分内容应该会有更深入的理解。总之,这一章的内容比较庞杂,读者须抓住重点进行练习,在后续章节的学习中可经常比照本章内容,逐渐加深对相应内容的理解。

案例分析:选题有据,循序渐进

毕业论文选题是一个不断探究验证的过程,不论过程如何,选题总会有个出处或由头,案例中的毕业论文的选题如作者在2021年10月份提交的第一次作业所示,源自自己的实习经历,后在查阅大量文献的基础上提出了研究选题。直至论文完成,作者的选题方向没有大的调整,但从论文题目到研究方法,包括整体的研究思路和谋篇布局做了很多次微调。这里以毕业论文的标题为例说明研究选题的过程,并摘录毕业论文中研究思路部分的内容说明整体研究设计如何呈现。

一、标题的变化

毕业论文的标题是选题的直接反映,从标题可以看出选题的重点和选题的方向,毕业论文的关键词也往往出自标题中的核心词汇。因此标题的变化反映了作者不断思考后研究重点和研究方向的调整。

案例论文最初提交的题目是"公益品牌传播的符号叙事与传播效果研究——以'A社区'微信公众号传播为例"。作者显然是做了比较充分的思考完成的作业,选题说明文本有七千多字,提交了较为详尽的文献资料和研究方法的设想,概括来讲其研究意图如下:

结合作者在"A社区"公益组织的实习经历和权限,试图解决"怎样才能提高公益品牌的传播效率,最大程度唤起受众情感认同并实现捐赠行为转化"的问题。通过和老师的初步讨论,作者将运用内容分析的方法从传播者一方出发,结合皮尔斯符号学的三元模式对"A社区"微信公众号的推送内容进行分析。

通过文献梳理,作者发现当前对于符号叙事的受众方的传播效果研究较为匮乏,难以更好地了解公益品牌在符号表达中的传播效率以及受众感受,因此作者会更多地侧重于通过深访了解受众参与传播经历中认知、态度及行为的变化。设想利用深访的方法,结合共情理论及SIPS模型整理出一个传播效果评定框架,对A社区的公益传播效果进行测定,最终根据研究结果得出公益品牌传播的优化策略。

我一般对作业的批注比较简单,基本是作为上课讲评作业时的提示。当时的批注有以下几条:

1.选题值得做,且具可行性。

2.但目前的研究设计过于庞大,应找准侧重点,侧重点不同,适用的理论也随之变化。

3.设计研究方案时应充分利用已有条件和资料。比如本研究,微信公众号不同的传播内容之效果,研究者应该是知道的,需要进一步做的是什么样的内容传播效果好(内容分析),或者为什么某些内容传播效果好(问卷调查或深访)等。这样有利于研究题目的窄化。

4.文中的问题,目前的理论选择是三者中的最佳,第二个不建议用,第三个如果研究内容调整有可能用吧。[文中的问题:老师,请问这里我是用SIPS模式测定传播效果更好,还是用DAGMAR(Defining Advertising Goals for Measured Advertising Results)模型或还是用认知态度行为理论更好呢? 又或者您有别的建议吗?]

5.对于篇幅比较长的文章加上页码会方便查阅。

关于公益品牌传播的研究是值得做的选题,这点不言而喻,因为有较明确的研究指向和研究对象,以及研究方法和一定的理论准备,所以选题也具备了可行性。选题存在的明显问题是两个关键词"符号叙事"和"传播效果研究"对应的研究范畴都比较大,对于本科毕业论文来讲,要有一定的侧重或取舍。第5点是对于作者写作中的细节问题做出的提示,建议作者写长文时加上页码。第4点"文中的问题"是作者在作业中对老师提出的问题,尽管我认为作者可先进一步理清研究内容再考虑适用的理论,但因为学生明确提出了问题也就给予了回应。之所以不建议用DAGMAR模型是因其所涉及的广告传播效果测量是站在广告主的角度才能够完整实现的,作为第三方研究者无法触及其中全部环节。另外两种理论作者在作业中做了概要描述,摘录如下:

> SIPS模式
>
> SIPS模式是2011年日本电通公司基于社交媒体时代提出的新消费生活模式,该模式一共包括四个步骤。第一步是共鸣或共情(Sympathize),即对品牌或产品产生情感连接,情绪受到感染;第二步是确认(Identify),即理解品牌价值并产生认同;第三步是参与(Participate),即付出行动;第四步分享和扩散(Share & Spread),指消费者主动分享良好的消费体验,从而对品牌进行二次传播。笔者将利用SIPS模式作为A社区公众号传播效果的测定模型,同时结合对共情效果理论研究的梳理所得出的具化表格作为研究工具。
>
> 共情效果理论
>
> 研究者认为,共情的产生包含"情绪感染""共情关注"和"观点采择"。情绪感染指面对他人经历和情感时,会自发地受到感染唤起情绪,并形成与他人相似的情感体验。共情关注的个体能够真正关心处在痛苦中的他人,好比对罹难的人们表达同情和关怀,是在情绪感染的基础上产生的。观点采择指个体在理解他人的态度后产生共情,这可以促使其为其他个体提供帮助。①

11月初课程结束时第二次作业提交的是修改后的选题,标题改为"公益品牌传播的符号叙事研究——以'A社区'微信公众号传播为例"。可以看到,作者对研究内容

---

① 潘彦谷,刘衍玲,冉光明,等.动物和人类的利他本性:共情的进化[J].心理科学进展,2013,21(7):1229-1238.

做出了取舍,这样的研究设定更为聚焦了。但作者依然设计了较为宏大的研究框架,依然沿用原来研究方法的设计,并做出了较为具体的实施方案。对此我给她作业的批注是"文献梳理充分,研究思路可行。需要注意的是目前的架构下论文体量略大,要合理安排时间"。

之后的论文基本是在这个标题的框定下展开。但是在作者提交了初稿后,我建议对论文标题进行微调。此处先暂时略去中间关于具体做论文的探讨,看一下2022年1月21日我们的对话,这次对话的体量相当大,这里主要摘录和论文题目有关的部分:

> 学生:老师,这是我的绪论+正文,麻烦您抽空帮我看一下哦。emmm 那个编码的信度检验需要放进来么?因为图表比较多,所以我导了一个 pdf 的,格式不会乱,word 是有导航窗格的哦,谢谢老师~
>
> 老师:收到。信度检验可在正文中提一句:数值均大于多少,具体参见附录。
>
> ……
>
> 老师:我从头来说一下我现在看到的问题,首先从题目这儿,你这个副标题以 A 社区微信公众号传播为例,传播这两个字还要不要,你斟酌一下,我是觉得不太需要。
>
> ……

所以在初稿完成后结合通篇内容再行斟酌论文标题,使论文标题完全对应正文内容。案例论文最终的标题"公益品牌传播的符号叙事研究——以'A 社区'微信公众号为例"此时就确定下来。

有意思的是,学生特别说明"word 是有导航窗格的哦"是专门回应我之前给她指出的问题。我在2021年12月16日回复她关于编码和绪论的问题时点了一下:"……我记得我在课上应该是跟你们强调过,写文章要用文档结构图,因为用文档结构图的话,你的那个结构会特别清晰,所以你后续写的时候要把它补上……"好学生就是这样,不用多说,稍加点拨就心领神会。对于这样的学生,老师花再多的时间指导也是值得的。

二、研究思路样例

论文的每一部分都是反复探究循序渐进得来的,研究思路部分的内容也不例外。

这里以最后案例论文定稿的文本作为例子,以说明研究思路如何完整清晰地呈现整体论文的架构,以及研究内容和研究方法两者之间的勾连。论文中研究思路是绪论部分的最后一点,现完整呈现于下:

研究思路

从对"新媒体崛起对公益品牌传播的影响"的思考出发,在符号学理论支撑下,重点从传播者角度分析 A 社区公众号内容的符号叙事。第一部分运用内容分析法,对比高阅读量和低阅读量文章直接表达面的差异,找到其影响因素;第二部分着重分析高互动量文章,以文本分析法研究其叙事方式、符号表征、品牌共创等方面的亮点,最后进一步探究公益品牌传播过程中传受双方的意义互动。

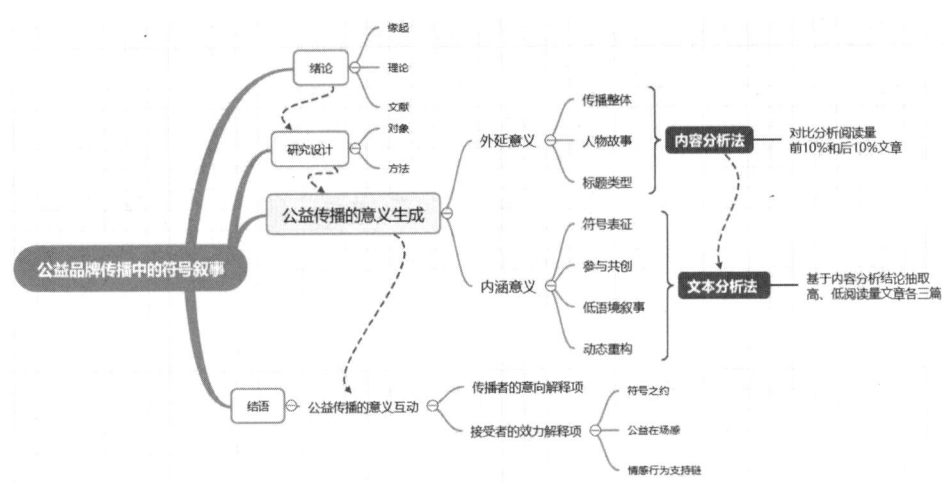

研究思路框架

思考与练习

1.思考自己感兴趣的专业领域,拟出三个相关的毕业论文选题,选题的表述应避免文法错误等基本问题,尽量用专业语言表述。

2.思考与自己毕业去向相关的专业领域,拟出三个相关的毕业论文选题,选题的表述应避免文法错误等基本问题,尽量用专业语言表述。

3.在前述拟定的选题中选择一个,设计研究方案。

第三章 资料收集与文献梳理

▶要点提示

1. 资料与文献的来源
2. 文献梳理的方法
3. 文献梳理的用途
4. 文献综述的写作

"兵马未动,粮草先行"。任何一项研究都会以资料或文献为先导,并贯穿整个研究过程。毕业论文从选题开始即依赖于学生对资料的收集和文献的梳理,相关工作做得越充分,研究者对选题的把握才会越到位,研究实施过程才会越可控,也越有可能顺利地完成毕业论文的研究和撰写工作。本章从研究资料和文献的收集以及应用这两个角度展开陈述。

第一节 资料类型与来源

研究资料的含义如"资料"的字面意思:供参考或作为依据的信息材料,指涉研究中所有可能的供参考或作为依据的信息材料。"文献"的字面意思:各种有历史价值和参考价值的图书资料,在网络时代,图书资料自然包含电子化的文本内容。可以看到,研究资料在内涵和外延上均覆盖了研究文献,两者是包含与被包含的关系。不过我们也经常看到很多将两者混同使用的情况,因为这两个概念的含义重合度的确比较高,而且混用也不会对研究本身产生不良影响。因此,本书在叙述相关内容时也不特意去区分两者,当提到研究资料时是包含研究文献在内的,在提到研究文献时基本是特指文献资料,不过在引述其他参考书目中的相关内容时可能会依其原意采用其中混用的情况,但会加以说明。

一、资料的类型

如上所述,研究资料包含研究中所有可能供参考或作为依据的信息材料,这些资料有可能是研究者通过自己的实际研究直接获取的,以这种方式获取的资料称作"一手资料"或"原始资料",也可能通过查询、购买等方式获得,这样获取的资料一般称作"二手资料"或"案头资料"。一手资料的获取途径通常是查阅档案或实证研究,实证研究即对应了相应的研究方法,通常会在具体的研究方法部分加以阐述,因此说到资料的获取一般指的是对二手资料的收集。当然一手资料和二手资料只是一个相对的概念,对不同的研究,有时并不能完全清晰地区分和界定。《芝加哥论文写作指南》(第8版)[①]从使用的角度描述了研究资料的作用,研究者阅读一次文献获得证据,阅读二次文献向别的研究者学习,阅读三次文献获得研究概览:

> 在文学、艺术以及历史领域,一次文献就是原创作品,如日记、信件、手稿、影像、电影、电影脚本、录音、乐谱等由作者、艺术家、作曲家创作的东西。这些资料提供的信息如文字、影像和声音,可以用来作为证据支持你的推理。这类资料也可以是具体的物品,如硬币、衣物、工具和其他不同时期的属于你研究的那个人的人工制品。
>
> 在经济学、心理学和化学等领域,研究者主要通过观察和实验来搜集证据。在其他领域,研究者通过访谈来搜集证据。(为了实施有效的访谈,你必须使用可靠的方法来获取你想要的题材,并记录你搜集的信息。)在这样的领域里,证据包括研究者搜集的数据。搜集这些数据的一手来源就是那些首先出版它们的出版机构,包括政府和商业背景的机构以及学术期刊……
>
> 二次文献是分析一次文献的书和文章,通常由其他研究者撰写或者是专门写给其他研究者看的……二次文献还包括专业百科全书和专业词典里提

---

① 杜拉宾.芝加哥论文写作指南[M].雷蕾,译.北京:新华出版社,2015:25-27.

供的该领域的学者所撰写的文章。

……

三次文献以二次文献为基础,通常是写给非专业人士看的,它们包括综合性百科全书和词典,以及像《时代周刊》《大西洋月刊》这样的杂志,还有写给一般大众的商业书籍。

以上表述中对研究文献一次、二次和三次的划分基本等同于对研究资料一手和二手的划分,一次文献基本对应一手资料,二次文献和三次文献基本对应二手资料。比较和总结两种资料的分类方式和结果,需要对以下几点加以说明:首先,不同的研究领域或研究类型的研究对资料或文献一手和二手的界定有所差别,比如引文中对一次文献在不同研究领域的文献形式做了说明,其中关于在经济学等领域,研究者主要通过观察和实验来搜集证据,关于其他领域引文中强调了用访谈的形式获取一次文献,换句话说就是用观察和实验,用访谈或调查等研究方法获取的资料称为一次文献,这一含义与一手资料相同。其次,与一手资料相对的二手资料包含内容范围广泛,基本所有的既存资料都可称为二手资料,这里边包含了引文中"在文学、艺术以及历史领域的"一次文献,也包含了引文中所有二次文献和三次文献。事实上,后文中的文献梳理,也即一般的文献梳理所指的就是对这些一次文献、二次文献和三次文献的收集、整理及归纳总结。最后,由于资料或文献的概念依赖于使用情境,所以在不同的使用场景下,文献的分类有可能不同。比如,关于某电影的评论,一般意义上属于二次文献,但如果研究者的研究对象就是关于某电影的评论,而不是该电影,那么此时,有关该电影的评论对该研究而言属于一次文献。这种资料属性的变化会给我们的研究带来困扰吗?通常不会。原因在于研究者的关注重点不在于此。所以研究者不必过多地关注资料或文献的类型归属,而应更多地关注文献的获取途径、文献的真伪、文献的可用性。比如,我们在评审毕业论文时,对于资料或文献通常关注的点是其来源的权威性:如果是网络获取的方式,要看其出处的可靠性;如果是数据资料,要看数据的时效性;如果是一次文献,要看是不是孤证等。论文评阅者关注的这些点是研究者在进行文献收集和梳理时要格外加以注意的。

二、资料的来源

二手资料或者说各种类型的文献可以通过查询或购买获得,无论是通过何种途径,平时对文献来源的了解都很重要,因为做毕业论文的研究都具有一定的专业性,而有价值的专业性的文献往往很难在搜索引擎上通过关键词的搜索而获知。需要购买的资料或文献往往由专业的商业机构或研究机构收集、发布和销售,对于做毕业论文的研究一般不太常用,在此不做更多阐述,这里重点说明如何通过不同途径的查询来获取研究需要的资料或文献。

传统的二手资料收集方式包括与政府部门、行业协会和其他部门联络,以获取相关的文献;去图书馆以及各类资料馆查询有关研究文献;有些报刊、年鉴的出版机构也是重要的文献提供者。尽管互联网普及后,以上各种途径都可以在网络上找到对应的替代方式,但直接面对原始资料与在网络上查询的效果往往不尽相同,毕竟网络上的资料是经过选择甚至加工后上传的,另外,也会有一些研究资料并未上传到网络。因此,传统的二手资料收集方式有其独特的价值所在,特别是对于力求获取一次文献的研究者,亲身接触原始资料就更为必要。

互联网的发展为资料和文献的查询提供了极大的便利,研究者无论是居家还是在办公室,只需通过电脑或手机即可查阅远在网络云端的各类资料,不过前提是研究者最好是知道各类资料的链接网址,而不是在搜索引擎上盲目查找。研究者需要对相关网站有一定的了解,才能够想到去相应站点搜索信息,对这些网站的熟悉程度直接影响到研究者能否得到所需信息,以及可否提高文献检索的效率,事半功倍。研究者应该结合自己的研究兴趣,有意识地积累各类信息来源。以下列出一些常用信息来源作为示例,以启发读者:

统计网站。如,国家统计局网站,http://www.stats.gov.cn/。

国家统计局以及各级统计局系统机构发布的信息较为权威且有价值,是社会科学研究重要的信息来源。以往以纸质书籍、年鉴等方式发行的各类统计信息,如今基本上都可以通过检索相关网站的内容获得。研究者通常可以通过在搜索引擎上搜索相关机构,获得相应的网址,然后在相应网站内搜索或查找感兴趣的内容。

国家统计局及其下属的国务院各部门统计机构,各省、区、市统计局定期发布各类统计公报,其中包括全国和各地年度统计公报、人口普查公报、基本单位普查公报、农业普查公报、工业普查公报、三产普查公报和其他类型的公报。同时他们还出版各类统计年鉴,包括以下几种:一是综合性的统计年鉴,如《中国统计年鉴》《中国城市统计年鉴》;二是各行业统计年鉴,如《中国建筑业统计年鉴》《中国工业经济统计年鉴》等;三是其他类型的统计年鉴,如《中国农村住户调查年鉴》等。[①]

专业网站。如,中国知网 CNKI,https://www.cnki.net/;中国互联网络信息中心 CNNIC,https://www.cnnic.net.cn/;中国市场信息调查业协会,http://www.camir.org/。

这里的专业网站是指专门汇集各类文献的网站,如 CNKI,汇集了多学科的研究论文,也专门发布某一类信息,如 CNNIC,主要发布与互联网发展与应用相关的调研信息。中国市场信息调查业协会的网站中则罗列了其会员单位,基本覆盖了包括各种经济信息中心、专业信息咨询机构、专业调查机构在内的国内主要的市场研究机构,在此网站中可查询其会员单位,了解各会员单位提供的信息服务。这些专业研究机构通常以商业机构为主,所提供的信息丰富,时效性强,时有免费的公开发布的研究报告摘要,更深入的研究内容或完整报告通常需要付费购买,不过有些机构的权威性较弱。

政府官网。如,文化和旅游部官网,https://www.mct.gov.cn/。

国家各部委的官方网站面向全社会公开发布对口管理或服务的相关行业信息,如需要查询旅游相关的宏观信息,可在文化和旅游部官网查阅。这类信息权威性较强,以宏观数据、行业性数据、政策法规、即时性资料为主,较为具体细致的资料不易公开获得。与之对应的,对不同的行业,有行业协会或民间机构也会不定期地发布相关行业信息或专项的研究报告,但信息的权威性需要根据实际情况加以判断。

企业官网。如,华为,https://www.huawei.com/cn/;海尔,https://www.haier.com/。

如果想研究某个企业,那对企业官网的研究就非常有必要,企业官网能够呈现的资料通常包含历史沿革中有价值的文献、重要的专题性的资料,以及与企业有关的一般信息。在行业领先的大企业的官网上,研究者常常能查询到领先的行业研究报告或行业研究成果。利用企业官网资料,对全球视域的研究大有裨益,很多全球化的企业

---

① 黄京华.广告调查理论与实务[M].北京:中央广播电视大学出版社,2009:41-44.

都有相应的中文网站,而且,浏览这些企业的外文网站对于当下的研究者已经不是难事。对于某些专题研究,企业官网常常能够提供有价值的一次文献。例如我曾经指导一名本科生做有关企业社会责任的研究,那名学生将研究对象限定为国内世界五百强企业,然后查阅这些企业的官网,下载企业的社会责任报告,进行内容分析。由此看来,各种类型的研究都有可能用到企业相关资料,此时企业官网是重要的信息来源。

学术机构官网。如,中国社会科学院,http://cass.cssn.cn/;国务院发展研究中心信息网,http://www.drcnet.com.cn/。

专门的学术机构或学术团体,以及大学的研究机构会进行相应的基础研究,通常相关信息可在这些机构或大学的官网中查询到,只是相应的数据资料往往不能直接下载,作为研究者可通过沟通申请后获取登录和下载资格,前提是仅作为研究使用,不做商用。

网络信息来源很多,也有很多研究者将其收集整理发布于自媒体,对此不再过多阐述,读者可平时加以留意关注,积累收藏。在此想强调一点,就是要对大学图书馆和大学网上学术资源予以充分利用。比如,一般的大学都购买了以中国知网、人大复印报刊资料、万方数据为代表的学术资源的使用权,学校的师生可免费查阅下载。可能的学术资源还有 EBSCO(ASC & BSC)、SAGE 期刊数据库的外文文献;晚清、民国期刊全文数据库(1833—1949),《申报》(1872—1949)全文数据库,台湾学术文献数据库等一次文献;本大学的博士论文、硕士论文等。学生如果合理利用这些资源,在时间和金钱两方面都可以节约不少成本,大大提高查阅文献的效率。

对于这些常规的大学里拥有的学术资源,学生应该不断地探索以备利用。比如对于知网,应熟练掌握其各种检索方式,其文献的下载方式,以及批量输出所检索文献的参考文献索引等。

利用百度、谷歌这类搜索引擎搜索日常信息已成为互联网时代人们的日常行为,进而延伸至学术研究时的习惯行为。这些搜索引擎都包含世界范围内的文档链接集合,以各自的索引系统为全球用户提供所需信息。只要输入相应的关键词,搜索引擎就能列出在互联网上找出的所有关键词出现地址的清单。用户点击进入相应的网页即可进一步查询所需信息。

这种习惯性的搜索行为本身无可厚非,需要注意的是对通过搜索引擎搜索到的信息需要仔细加以甄别,并且学术论文对于从搜索引擎中搜索到的信息有些成文或不成文的约定,即对于较为学术或专业领域的概念、理论、结论等,引用出处不建议采用搜索引擎的网址。

最后再次强调平时的资料来源的积累很重要。以下是我的研究生做的一份关于广告作品资源搜索渠道的清单和说明,显然并不完备,读者可以按照自己的思路去扩充,读者感兴趣的其他相应领域也可以按照示例这样来积累储备资料来源。

广告作品的搜集渠道

(一)官方媒介机构及科教机构

该渠道是指由国家管辖的杂志、报纸、电视等媒介机构,以及图书馆、文化馆、博物馆等公共科教机构。其中收录的资料通常有较高的可信度、客观性,且通常有一定的历史沉淀。这类机构数量庞大,仅举如下几例:

央视网(https://www.cctv.com/):央视网由中央广播电视总台主办,收录了中央广播电视总台旗下各类媒体平台的讯息,其中也包括各类广告信息。通过在网站的搜索栏中搜索关键词"广告",可以得到两万余条结果,通过筛选能够找到各类曾在中央电视台各频道投放的广告作品。因中央广播电视总台的媒体性质,其中的广告作品多为公益广告,为公益广告研究者提供了大量的文本。但央视网的搜索系统中并未区分广告与其他新闻讯息,因此在筛选上需要费一番功夫。

中国广告博物馆官网(https://admuseum.cuc.edu.cn/zgggzyg/spzp.htm):中国广告博物馆由国家广告研究院、中国传媒大学等机构共同发起组建。在其官网的"中国广告资源馆"板块中,收录了800余条海内外知名品牌的广告作品。在作品类型上,包含视频、音频、平面广告三类;在时间上,该网站收录了20世纪80年代至21世纪前10年的经典广告作品,为研究者搜寻年代较早、收集较困难的广告作品提供了帮助。

中国广告AD网(http://www.ad-cn.net/):《中国广告》是中国第一本广告专业学术杂志,由中国出版传媒股份有限公司主管,上海广告协会、东方出版社等机构联合主办。中国广告AD网为其官方网站,里面的资料有较高的质量和可信度。在网站的"案例"板块,收录了近期的各类广告营销案例,时效性较强。

(二)互联网科技公司营销业务官网

由于新媒体广告业务的迅速发展,各大互联网科技公司也纷纷推出广告营销服务,如字节跳动的巨量引擎、明略科技的数字化转型服务。因此,通常在这类公司官网中也收录了客户使用其广告营销服务的优秀案例。这对于研究如信息流广告、直播广告等新媒体广告的研究者提供了帮助。例如:

Meta Ads 广告资料库:该资料库由 Meta 官方为方便广告主学习了解相关知识而设立,收录了各类广告主在 Meta 旗下产品(包括 Facebook、Instagram 等)中所投放的所有广告作品,展示形式为该广告正式投放时所呈现的样式。此外,该资料库可以对国家地区、广告类别设置关键字并进行搜索筛选,为研究海外广告作品者提供了大量的资料。

巨量引擎(https://www.oceanengine.com/case)、阿里妈妈(https://www.alimama.com/index.htm#!/home/index):分别为字节跳动、阿里巴巴旗下的营销业务,在官网中均设置了相应的案例板块,展示其优秀的广告投放案例,并且有一定的广告投放效果数据可供参考。但由于其商业性质,其中的案例显然有一定的主观性,效果数据的可信度也需要确认。

(三)知名广告代理公司官网

广告代理公司为了展示和树立良好的品牌形象以承揽更多业务,通常都会在其官网展示其过往的各类优秀案例。知名广告代理公司所收录的广告作品通常以商业广告为主,且作品质量较高,广告主通常为行业领先品牌,较有代表性。

以近年来知名度大盛的国际创意热店 W+K(https://www.wk.com/)为例,其官网展示了包括上海、纽约、阿姆斯特丹在内的 8 个地区办公室的经典作品,涉及东亚、南亚、北美、欧洲等地,服饰、旅行、家居等多类广告主。

(四)权威广告创意奖项官网

各项权威广告创意奖项每年都吸引了大量的广告代理机构、广告主参与其中。由于奖项评委不局限于商业领域,还有许多学界嘉宾,因此其中获奖的广告作品通常也有着一定的客观性和代表性,能够在一定程度上反映当前广告营销的热点与趋势。如戛纳国际创意节(https://www.canneslions.com/)作为广告行业的年度盛事,其官网会展示每年获奖的所有广告作品。

其中既包括影视、户外广告等传统广告类型，也包括直销营销广告、社会化营销广告等新广告类型。更专门为当前的社会热点领域，如健康、可持续发展等设置了专门的奖项。

(五)各企业、行业博物馆

各企业、行业所设立的实体及数字博物馆，通常收录了关于本企业、本行业发展的各类史料。而广告营销作为企业经营、行业发展的重要组成部分，自然也不免被收录其中。如青岛啤酒在百年前青岛啤酒的厂房原址上，建造了青岛啤酒博物馆，馆内展示了中国啤酒行业及青岛啤酒的发展历程，既呈现了啤酒工艺等硬技术的发展，也展示了啤酒娱乐等丰富的软文化。此类博物馆通常由企业、行业官方进行建造，由专家对馆藏质量进行把关，其中的资料有着较强的可信度，且可能存有市面上较少能了解到的企业、行业内部资料。然而需要注意的是，目前这类博物馆仍以实体博物馆为主，数字资源较少，因而在资料的收集上存在一定的困难。

除以上渠道外，数英网、梅花网、广告门等广告营销资讯平台，也收录了大量的广告作品，但其中的内容较为庞杂，需要仔细辨别，谨慎选用。

三、对资料的评价

资料收集对论文写作极为重要，在论文选题确定之前，充分的资料可以帮助研究者确定研究方向，在选题明确后，翔实的文献有助于研究者确定具体的研究问题和研究方法。通常，在确定研究选题之前，研究者对资料和文献的收集范围和收集领域相对广泛，撒网捕鱼，在尽可能宽泛的范围内搜罗一切可能的文献。研究选题确定之后，则需要专注于选定的领域，深耕细作，以一定的关键词深度搜索，尽可能完备地收集到相关文献。整体的资料收集过程可能会循环往复若干次，且始终伴随着对文献质与量的评价，评价的标准亦根据使用需要而定。毕业论文选题确定前，所收集到的资料多多益善，不必苛求资料来源和可信度，因为此时的研究者需要各方面的信息给自己启发乃至灵感。毕业论文选题确定后，对于所收集到的文献就需要加以仔细甄别，尤其是对于会在毕业论文中出现的用来作背景资料，用来作理论基础，用来作论证依据的

文献,要仔细判断其可用性。可用的资料应该以准确性为前提,《广告调查理论与实务》①中罗列了判断二手资料准确性的几个方面:

(1)信息的来源

二手资料的来源是准确性的关键。政府的统计部门、各个行业协会等官方机构或大型的市场调查公司的调查数据和报告往往是可以信赖的,通常是比较规范的操作和控制的结果。但对小公司和新公司的资料要格外谨慎。另外,即使是官方的机构,在报告中也可能会有倾向性,在使用时要考虑到由此可能造成的错误结论和判断。

(2)调查的目的

资料总是为了某种目的而收集的,了解调查的动机可以提供评估资料质量的线索。如某地为了招商引资,可能把该地区的经济环境、法律环境、社会环境都说得很好。某企业为了提升企业的美誉度,雇请某些机构所做调查的资料也要慎重使用。国内曾经出现的"排行榜"现象,就是企业为宣传产品而雇用调查公司做的销售业绩的伪调查结果。

(3)信息的内容

调查者应该准确地判定所收集的是什么样的信息。例如,在对牛奶进行调查时,是否对保鲜袋装、利乐装和屋型装等所有包装形式的牛奶都做了调查;在对洗衣粉进行调查时,有没有包括对洗衣液的调查。

(4)收集的时间

对于收集信息的时间,我们也应多加注意,由此可以看出样本是否具有代表性。例如,一项只调查周末消费者的购物中心调查不能反映出"典型的"光顾购物中心的消费者;在上午9点至下午5点所做的电话调查不能反映出所有上班族的情况。

(5)收集的方式

资料是通过邮寄、电话的方式还是个人访谈的方式收集的?拒绝率是多少?是否与决策者或者决策者的代表进行了面谈?每一种收集方式都有它的优点和缺点,调查者必须努力辨明信息收集过程中带入资料的偏差。

---

① 黄京华.广告调查理论与实务[M].北京:中央广播电视大学出版社,2009:46-47.

(6)与其他信息的一致性

二手资料之间经常会出现不一致的情况。调查者应深入探究造成矛盾的各种可能。不同的样本结构、时间因素、抽样方案、问卷设计以及其他许多因素都会导致调查结果的不同。调查者应尽量甄别各种调查的可靠性,从而决定应该使用哪一个调查结果。

上述内容虽然针对的是市场研究中二手资料质量的判断,但对一般文献同样适用。《社会研究方法》(第十一版)[①]中针对评估网络资源的质量罗列了如下问题,要求网络资源的使用者作出回答,以判断网络资源的质量:

(1)网站的编辑是谁?

(2)该网站是否支持某特定立场?

(3)网站是否给出了准确、完整的参考文献?

(4)资料是最新的吗?

(5)资料是官方的吗?

(6)是大学研究网站吗?

(7)该资料是否和其他网站的资料相一致?

事实上,对于上述每一个问题,书中虽有阐释并且给出了一定的判断方向,但并未给出明确的标准答案,因此,研究者应该结合研究课题的实际情况加以判断。总之,作为研究者有这样的意识非常重要,即对所收集的文献保有审视的态度,在使用时对文献的质量要加以评估。

第二节 文献梳理

文献梳理可以理解为对文献的收集、分析、整理的整体工作,也可以理解为对所收集文献进行的阅读分析和整理工作。上节已经讲述了如何收集文献,在此不妨围绕如何阅读分析和整理文献展开讨论,即以后一种含义讨论文献梳理。

---

① 巴比.社会研究方法[M].11版.邱泽奇,译.北京:华夏出版社,2019:495-497.

一、如何做

文献梳理是一项繁杂的工作,在尽可能多地收集资料的基础上,研究者应该树立一个信念——不做无用功或重复劳动,否则这项工作极易半途而废或归于潦草。研究者要形成符合自身研究习惯和实际情况的有效的工作习惯,这样才能较好地进行文献梳理工作。我经常建议学生对找到的资料或文献及时浏览,及时判断其使用价值,明确地将资料或文献归为有用、可能有用和无用三大类,并以文件夹或文件名等方式作出明确标注,避免重复阅读无使用价值的文献。对于确定要使用的文献内容,可直接将其先"堆"在毕业论文相应位置,同时要注明出处,以免后续使用时再次查找。对文献作简明的摘要和概括很有必要,梳理的内容要简洁切中要害,通常包括:作者、时间、研究内容和结论,有时还要表述研究方法。尽管不同学科的文献有各自的独特性,但远弱于它们的共性,下文是《人文与社会科学学术论文写作指南》①中关于历史文献整理的方法,对于其他学科的研究者也有借鉴意义:

> 如何管理电脑中存储的文件和文件夹会依据个人的喜好和所研究的内容而形式各异,但是下面的管理策略是通用的:为一项研究专门创建一个文件夹,然后在其下建立名为文章、资料、备忘录、人物和期刊的子文件夹,在名为人物的子文件夹下,为每一位主要人物创建一个子文件夹,在此你可以存储该人物的传记性文档并下载与该人物有关的期刊文章。除了主要文档及其相关资料,我的主要文件夹中皆包含以下几种 Ms-word 文档:年表,其中至少包含一般事件和特殊事件两项列表;想法,为以后深度研究随意记下一些想法;主控书目,罗列出所有相关资料来源;资料,详细记录图书馆、档案馆馆藏、联系方式及期刊信息;"稻草人"标靶,记录其他历史学者或支持或反对的史学观点,在这个文档中,我记录下引文,并对此进行二次核查,但没有附加引号,仅在脚注中完整记载下引用来源,如此一来,我就可以把它们方便地剪切并粘贴到关键文档中去;该做未做之事,包括需要查阅,或者在馆际互借上借阅的图书资料、需要下载的文章、需要追寻的线索以及需要修改的地方。

---

① 查普曼.人文与社会科学学术论文写作指南[M].桑凯莉,译.北京:北京大学出版社,2012:38.

进行文献梳理时还应该注意,在整理文献时不要深陷其中,有时花费巨量时间和精力整理文献,反而影响了对文献的深度阅读和思考,得不偿失。有两种情况容易导致这种现象:一是,没能界定清楚论文研究的专业领域或关键词,导致搜索到的文献不够精准,文献数量过多,这需要通过一定的探究找准研究方向,进而明确文献搜索范围;二是,目前有很多专业的文献管理与论文写作工具可供使用,如果能熟练使用这些软件,对于文献梳理可以起到事半功倍的作用,但如果使用不当,可能反而会增加不少工作,事倍功半,进而延长工作时间,影响论文进度。

目前市面上文献管理与论文写作工具类的软件比较多,如知网研学、NoteExpress、MENDELEY 等,这些软件通常集文献的收集、整理、使用、分析于一体,其核心功能在于文献的管理、助力写作与知识发现。使用这些软件可以更有效地管理和利用文献:第一,可以创建自定义的个人馆藏数据库,对于平时积累的不同领域的文献和为某项研究收集的文献可以分门别类地收藏;第二,可以通过手工录入的方式或者采用浏览器插件的方式检索导入所需文献的题录或全文;第三,利用文献整理、查看笔记、标记、显示、搜索等功能,组织管理文献和做笔记;第四,可以在论文写作中对引用文献快速修改参考文献格式;第五,可以对文献信息进行统计分析,比如,利用作者统计,统计文献来源中的重要专家;利用机构统计,统计文献的主要机构来源;利用来源统计,统计文献的主要期刊来源分布;利用年份统计,统计文献的发文年份和发文趋势;利用关键词,统计研究热点等。

学生如果能够在平时的学习中,有意识地学习并掌握上述软件中的一两种,培养使用习惯,这样在论文研究时就可以用其进行文献梳理甚至辅助写作,提高文献梳理的效率和质量。要注意的是,如果仅仅为了写毕业论文,短时间内零起点临时学习和使用这类文献管理与论文写作软件,对文献梳理工作而言,研究者付出的时间和精力会远大于用传统的方法进行相应的工作。此时,研究者需要根据自己的实际情况做出权衡,不必勉强而为。如果通过努力,在一定的时间内能够学会并且能够应用,无疑是非常好的,既多掌握了一门技术,技多不压身,又可利用软件使文献梳理更有条理,更有效率。但如果在有限时间内,只是学了些皮毛,不能应用,极有可能大量占用进行毕业论文研究的时间,影响毕业论文的进度。当然,笔者鼓励学生进行学习的尝试,只是提醒学生要根据自己的实际情况量力而为。

二、如何用

如前所述,研究者收集的文献中,有大量的文献虽经过阅读分析,但并未在论文中得以体现。文献在论文中用与不用,以何种方式使用,其前提是研究者对所收集文献进行的阅读分析和整理,即经过文献梳理后,研究者收集的资料或文献可分为有用或无用的情况,有用的情况也分为不同的使用情况。有些资料或者文献是专门用来学习的,而不是用来引用到论文中,有很多文献在选题确定之前属于这种情况。这种情况的出现很正常,因为选题确定之前,我们的资料收集虽有大致方向,但基本类似于"海选",同时,在选题阶段研究者可能需要恶补一些学科的专业知识,或某些专业领域的理论,或某些研究方法的应用等。选题确定之后当然也可能出现类似的情况,但相比之下,选题确定后的资料收集方向已经更为明确,所以能够直接在论文中引用的文献相对增多。

文献梳理中,依照不同的文献用途可以将文献分为三种类型,不同类型的文献,其使用方式亦不尽相同。其一,有些文献是关于研究主题、研究对象或研究内容的理论性文献。理论性文献是关于研究主题及与其相关的研究领域的专业知识,据此为研究者提供一定的研究背景或理论依据,通过对这些理论性文献分析比较,研究者可以确认自己的研究问题,明确自身研究的创新所在。其二,有些文献呈现了前人关于研究主题、研究对象或研究内容的实证研究过程和研究结果,对于这类文献,研究者可以从中了解前人在相关领域做过些什么研究,还有什么研究没做,特别是对于与研究者选定的研究主题相同或类似的研究主题,有什么样的研究结论,据此可以判断当前研究的研究价值所在。其三,有些文献凸显了与研究主题、研究对象或研究内容有关的研究方法,或以研究方法为主进行阐述,研究者可以学习和借鉴相应的研究方法如何应用于自己的研究课题。

不论何种类型的文献,有些文献能够在最终的毕业论文中体现出来,有些则只用于分析研究之用,没有直接的体现形式。那些能够在毕业论文中有所体现的文献大体以三种方式呈现出来:一是在论文的文献综述部分集中呈现,二是在论文末尾的参考文献部分以名录方式罗列,三是在论文正文其他部分以直接或间接的方式引用。文献综述是毕业论文的重要组成部分,在下节中专门阐述,在此简要阐述后面两种文献使用的方式。

任何一项研究都是在一定的背景下,在前人已有研究的基础上展开,这恰是资料收集和文献梳理的意义所在,对已有资料和文献中有价值的信息、观点和案例的引用,一方面可以提升论文的理论性,使读者了解论文研究的学术起点和理论依据,另一方面也使得论文的研究论证更为充分完备,从而增强论文的可读性和研究结论的可信度。需要特别强调的是,所有的引用,无论是直接引用还是间接引用,都必须标注出处以明确标示引用他人成果,引用他人成果而不标注则有抄袭剽窃之嫌,因此需加以避免。即便引用的文献有出处和标注也应注意,论文与一般的汇编文章或编著的教材等文本不同,论文特别是毕业论文要体现论文的原创性,因此不应大段引用他人的资料。

在毕业论文中,规定了文末部分要有参考文献,其作用在于明确表示研究者引用了哪些资料,在方便读者检索的同时,也为读者提供了特定主题的相关文献。在论文评阅时,评阅者也可从参考文献中看出论文作者资料收集和文献梳理工作的质与量。研究者在研究中收集了大量的资料和文献,哪些文献应列入参考文献,哪些不必列入参考文献,一个基本的原则是论文中直接或间接引用了的文献列入参考文献即可,具体而言即:论文中引用的所有文献都要在参考文献清单中找到,而参考文献中列出的每一项文献,论文中都有引用之处。参考文献可以是书籍、学术期刊、学术会议论文、学位论文等,若这些文献出自网络,则需注明网站名称、地址及日期。《社会研究方法》(第十一版)[①]中阐述了需要罗列的几方面网络资源及原因:

(1) URL 网页地址或网站地址……你可以(据此)直接找到我们资料的来源。

(2) 登录网站的时间和日期。很多网站并不发生更改……但是也有很多网站时时变动,所以你要给出你登录的时间。

(3) 如果引用文本内容,要附上作者和标题,还有出版信息。这跟引用打印内容一样。

(4) 有时候,你会利用 InfoTrac College Edition 或者另外的工具,来阅读一篇挂在网上但已经出版的期刊文章,这些内容的引用应该按照出版格式,并且标明页码。如果做不到这一点,你也应该标明相关的章节。这样做就是为了保证你的读者能够找到你所使用的原始网络资源。虽然,有时候你无法

[①] 巴比. 社会研究方法[M]. 11 版. 邱泽奇,译. 北京:华夏出版社,2019:497.

就网站上的文章给出一个详细地址,但是绝大多数的浏览器都能够帮助使用者通过特定词语或者短语来搜寻这些地址,进而找到被引用的资料。

对于一般的参考文献和注释所需呈现的信息包括:序号、作者、文献题名、文献类型标识、出版地、出版者、出版年等信息,参考文献中无须标明起止页码,注释中则需明确标明引用文献的起止页码,至于具体格式可参照所在学校的具体要求,对此可参看附录一。

第三节 文献综述

文献梳理最重要的结果或者说用途就是文献综述,文献综述是围绕研究主题展开的关于研究主题及相关领域研究现状的描述和简要分析。文献综述同研究方法一样,都是毕业论文结构中不可或缺的部分,文献综述在博士毕业论文或硕士毕业论文中所占篇幅一般较大,通常独立成章,本科毕业论文中文献综述独立成章的情况也有,但更多是占一节的篇幅。分别如图3-1和图3-2。

```
二、   文献综述
   (一) 关于公益传播的研究
   (二) 关于公益符号叙事的研究
   (三) 关于公益组织微信公众号传播的研究
   (四) 关于公益品牌传播效果的研究
```

图3-1 毕业论文目录中文献综述单独成章

```
绪  论
   (一) 研究背景
   (二) 研究目的及意义
   (三) 文献综述
   (四) 理论基础及研究方法
```

图3-2 毕业论文目录中文献综述在绪论中占一小节

也有的毕业论文中不专门呈现文献综述。如果论文目录中没有出现文献综述,不外乎两种情况,一是论文研究以文本分析或理论研究为主,通篇以文献分析为基础,主要进行文献的诠释,另外一种情况就是写作不规范,欠缺文献综述的相应内容。

文献综述之所以成为毕业论文结构中的重要部分,在于它在以下几方面的重要作用:一是,文献综述是研究者对研究主题及相关领域的文献进行整理、归纳、分析后的总结概述,是文献梳理成果的集中体现,研究者据此描述与研究主题相关领域的研究现状。能否找到研究问题的关键文献,能否较为完备地梳理出涉及研究主题的较为完备的文献,能够反映研究者阅读文献的数量以及对文献分析把握的能力。二是,研究者对文献进行的简要分析,对文献的评述是否切中要害,是否有独到见解,可以反映作者的洞察力和研究功力。三是,文献综述的内容形成研究的基础,高质量的文献综述更容易衍生出明确的研究问题和研究假设,也为研究方法和研究实施提供有价值的参考。四是,结构明确、逻辑清晰的文献综述,更能够反映出研究者的研究课题与既有文献的关系,也就更容易阐释研究的创新点所在。文献数量不足、书写粗糙、分类模糊的文献综述显然无法达到前述效果。

撰写文献综述一般应注意以下几个问题:第一,文献综述的范畴。一般来讲,文献综述应围绕关键词展开,而关键词是论文主题的直接反映,因此文献综述是紧扣论文选定的研究主题展开的。如图 3-1 中的文献综述,主要包含关于公益传播的研究、关于公益符号叙事的研究、关于公益组织微信公众号传播的研究、关于公益品牌传播效果的研究,对应的是《公益品牌传播中的符号叙事研究——以"A 社区"微信公众号为例》的研究题目,关键词是公益传播、符号意指系统、意义互动。可以看到,在公益传播的研究主题之下,文献综述是紧紧围绕该论文所要做的研究展开的,与论文的关键词形成对应关系。第二,文献综述的内容要简洁清晰有重点。文献综述是对专门领域的专门研究的描述和分析,不应书写大篇幅的一般知识的介绍性文字,将有关研究课题的理论和学派简要地陈述一通了事。老师们有一种批评毕业论文的说法是说论文写得像教科书,类似的批评文献综述的说法是文献综述只是介绍了相关知识。第三,文献综述所引用的文献应主要选自学术期刊或学术会议的论文,这与毕业论文自主研究创新探索的要求相符。有关教科书或其他书籍的内容占比相对不能太多,报章杂志的观点原则上不能作为论证的依据,引用时应慎重。第四,文献综述中对文献的评价要客观中肯,采用的观点不应含糊不清,不要轻率地批评前人的不足和错误。不以量取胜,内容相似或相近的文献,要经过甄别选取原创的观点明确的文献,不必引用过多篇目。在一般的毕业论文指导手册中都有参考文献数量的最低要求,在此不做引用,学生按照自己学校指定的要求即可,但根本上说应该按照自己的研究需要,文献在精不在多。第五,前面已经提到过文献梳理工具软件的使用,能够借助这些工具,恰当使用,事半功倍。不过应该注意一点,工具是为人所用的,研究者的思考和设计付诸工具,是正确的使用方式,盲目地使用工具反而容易造成研究的缺失。比如编码时仅仅用软件自动编码,可能会漏掉重要的编码分类。第六,对文献综述中引文注释的格式需加注意。研究者当然可以根据自己的需要或偏好加以使用,但应该注意文献综述部分在整个毕业论文中虽相对独立,可它作为毕业论文整体的一部分,其注释格式应注意与全文格式统一,不要几种格式混用。在此明确提出这一点,是因为在实际应用时,很多学生不注意这个问题,经常出现文献综述部分的格式与全文格式不统一的情况。具体的格式要求可参看附录二中的具体要求。不同种类的引文和参考文献的格式,主要由两种最常用的引文格式衍生而来:

(1)注释—参考文献格式,或简称参考文献格式(广泛用于人文和一些社会科学领域)。上标数字置于索引文献句末,以脚注(注解置于页面下端)或尾注(注解置于文末或章节末)将引文信息标注于相应序号的注解中(作者、标题、出版信息、页码)。

(2)作者—年格式(用于大多数社会科学领域、自然和物理科学领域)。在引文旁提供文献信息(作者、日期、相关页码)。需将文中所引文献列于论文结尾处的参考文献中。

至于使用哪一种格式,研究者在规范性的要求之下可以自由选择,不同的作者会有不同的偏好,对此读者应予以尊重。比如我比较认同下面引文的说法,但也不会要求学生必须使用某种格式,学生只要规范使用引文格式就好,无论哪种。

> 在进行引用、提出非常识性知识的信息,或者提及其他人观点的情况下,必须提供一则能够确切描述信息来源的引文。引文秉持学术的诚实性和开放性原则,使得其他学者能够核实并利用你的研究成果。引文有两种基本系统格式:插入语引用系统格式(现代语言学会文体,MLA 文体)和脚注引用系统格式(《芝加哥论文格式手册》文体)。尽管 MLA 文体在自然科学和应用科学的行文模式中具有优势,但以括号标注信息来源的形式并置于正文中使

行文看起来可怕,而且破坏了叙述的流畅性,同时没有书目就不完整,还阻止了读者获取额外信息,最后导致文体系统格式变成了插入语引用和脚注引用的混合体。基于以上原因,虽然仍有一些学科领域坚持使用 MLA 文体,但在我看来,该系统格式不适用于人文学科的论文书写。以脚注引用为特征的芝加哥论文格式,以其最低程度的侵入性和最大程度的灵活性,现如今正成为领先国际的人文学科期刊行文的主要标准格式。[1]

总之,对所用文献的综述应该清楚地表明,研究者对文献进行了系统的梳理,并由此概括了解了相关研究领域、特定的主题、所用方法以及研究现状。

小　结

本章概括讲述了资料收集和文献梳理所涉及的重点内容,相关的工作内容既是毕业论文研究的先导,最终又要以一定的形式呈现于毕业论文当中,可见其重要性。对于资料的类型与来源,我们虽不必拘泥于相关概念,但也要了解不同类型与不同来源的资料或文献的特点和区别,这样才能更好地评判资料和文献的质量及利用价值,进而恰当地使用它们。对于一次文献、二次文献、三次文献,我们了解它们的概念,更要了解它们的应用场景,并能够评判它们的使用价值。通过对理论性文献的梳理,我们可以了解对相关研究对象和相关领域的既有的理论、概念、惯用的研究方法,以及研究争议与研究空白;通过对实证性文献的学习,我们可以深入了解和学习相关领域中研究的设计、研究的思路和研究的实施,以及研究的论证过程与研究结论的导出,根据相应的研究结论,提出自己的研究问题和假设。通过对关于研究方法的文献的研读,我们可以深入了解和学习相关领域中传统方法的操作实施,借鉴性地应用于自己的研究当中。而文献梳理工作的目的在于服务于毕业论文研究的需要,并以引文、参考文献或文献综述的不同形式规范地呈现于论文当中。研究者也应该时刻提醒自己,避免有意无意抄袭或剽窃的情况发生。资料收集和文献梳理不是一项容易的工作,为了收到较好的效果,研究者需要大量的学习、训练和认真的研究态度。

---

[1] 查普曼.人文与社会科学学术论文写作指南[M].桑凯莉,译.北京:北京大学出版社,2012:56.

案例分析：资料各有所用

在做和写毕业论文时，文献资料可能作为背景和基础，更可能起到承前启后的作用，与选题和研究方法密切相关。所以在指导毕业论文时一般并不专门对文献资料进行过多指导，特别是写作时，总会将其纳入整体文章进行考量。以下是我和学生在案例论文开始成文时的讨论，有些涉及文献综述，有些是关于写作的，但与文献综述相关，读者可以在阅读完后面章节后再来回看，也许会有更多体会。

2021年12月10日，该学生发给我论文绪论的写作架构：

一、研究背景

二、文献综述

（一）关于公益传播的研究

（二）关于公益符号叙事的研究

（三）关于公益品牌传播效果的研究

三、理论准备（符号学理论 待定）

四、研究方法

（一）内容分析法

（二）访谈法

我们的讨论从该学生的提问开始，主要围绕文献综述展开。从我们的对话中可以看到，学生的思考非常重要，经过思考提出问题，经过思考对老师的建议做出取舍，老师的作用在于给出一般的方法路径，提出参考建议：

学生：老师打扰啦，我想请问我的绪论按照这个逻辑去写ok吗？文献综述这里还需要加别的研究视角吗？需要加这个选题的意义吗？

老师：研究意义要加，关于你研究的这个公益组织的相关研究，如果有也需要加。因为你研究的是微信公众号，所以公益组织微信公众号的相关研究也要关照到。至于要不要单独成一点可根据文献的数量来定。

学生：嗯嗯明白啦，目前是没有对A社区这个公益组织的研究的（文献),但是我应该加一个介绍这个公益组织的部分对吗？还是把它放在研究背景里面？

老师:它有几种处理方法,就完全看你现在的资料掌握情况。有可能是这样,就是在研究背景里边稍微提一下,因为研究背景里本身就要说你要做什么研究,说到研究意义的时候就稍微提一下。然后把它留到你研究方法里边,在研究对象那儿去说,就是关于这个公益组织。它的篇幅如果不是太长的话,就这样处理比较好。为什么必须这么处理？因为你前面如果不说,直接都放在研究对象那儿去,你文献综述那块儿又不太好做了。

所以在前边简说,后边详说,中间文献综述该怎么做就怎么做,这是一种方法。还有一种方法,其实你这个也算是个个案研究,你就把它作为一个整体,很详细地介绍,你甚至都可以单独给它辟出一个地方来,那应该也是在最前边去说明,我全在前边给它整个交代清楚,这也是一个办法。所以那就看你怎么谋篇布局了,看你自己的需要。

学生:嗯嗯明白啦,其实它的相关资料并不是很多,我觉得您建议的第一种方法应该比较合适,谢谢老师~

2021年12月16日,该学生发给我论文绪论的写作初稿,对此我给出了具体的评价和建议:

老师:……再有,我觉得你现在的写作,有一个整体的问题。我们写东西要避免这种情况,就是只见树木不见森林,就是说缺乏整体感。比如你说到研究方法,你整体上是一个怎么样的思路,怎么一上来就去弄它的内容分析和深访,你肯定得有一个整体的描述。还有包括你的论文绪论,绪论你要说什么,你肯定得把你要研究什么说清楚,而不是仅仅说为什么要做这个研究。再有A社区你说了它本身的情况如何如何,但是它的这种典型性或者它自己在整个社会当中是一个什么样的地位。你现在只告诉我,它自己是出生于何年何月,现在在哪儿,怎么怎么样,干什么,但是你没有告诉读者,这个A社区,这个公益组织它是什么样的属性,它的地位、影响力如何。其实不管它的影响力如何,它是什么样的,你就给它说出来就好了,如果它在哪儿获得过什么排名之类的,就算是师出有名。

还有一个问题,我们写论文和写其他的文章还是不一样的,写论文,我们实际上是要一个客观的立场,所以比如前边的比较感性的这些表达,我觉得可以放在后记里边去写。写论文,你一定要直指你现在要研究什么,甚至有的时候,比如说你作为一个编辑,你做你这个公众号的研究,你觉得是一个有利条件,但是对于研究者来讲,恐怕有的人会认为它不是一个有利条件,为什么?你会有主观性的。所以你要把这个事客观地呈现出来,不用去强调它,包括我们的文风,它不是死板的,但是,也不是那种感性的文笔,应该是理性的客观的文笔。

包括比如说符号学的这种引介,你把它放在一个什么样的位置,它是作为你整体的分析的一个理论依据,还是作为你的编码的依据,那这个是不一样的。再有,就是这些理论,我们在用的时候,它已经不是什么新的东西了,所以,就是给它很清晰地表达出来就可以了,不用大书特书,包括有一些历史回顾的东西,因为你现在做的是一个本科的论文,还是要有一定的简洁性,要精练。我是觉得这个绪论可能要拆开,比如说文献综述,你已经写了这么多,你觉得比较多的内容可以单独做成一章,然后研究方法是放在绪论里,还是不放在绪论里,这个还有赖于你后边整个文章的结构安排,所以你要把控一下它的体量。

我手里有一篇比较好的学生论文,我觉得我们应该再见面稍微说一下。就是有些地方讨论一下,其实驾驭文章的整体性,这也是一种能力,所以你不要说我就只能写多,我不能写少,不是这样的。

然后你问的效果这块的文献,要与不要,其实它是和你后边的深访结合起来的,因为深访那块会说到效果,当然我们现在的这个研究也会说到效果,就是你深访那块是做还是不做,这个是会有关系的。我倒觉得我们现在可能不必在前边纠结太多,因为文章都是改出来的,可以先这么放在这儿,然后等后边做到一定程度,我们再来看看整体上怎么来安排这个结构。但是现在我们在写的时候,我前面最开始讲的那几个点,你要注意一下,一个就是格式的这种便捷性。还有一个,你不要说,在我的脑子里,这个结构很清晰,然后我把具体的呈现给你们,你要把你脑子里的线索也给读者呈现出来。

学生：嗯嗯我明白啦，谢谢老师！我现在确实感觉这部分有点冗杂，很多东西需要提炼成线索。那我先自己改改~

老师：好，可以先往前做，最后整体改。

学生：嗯嗯，我先把前面感性的文字客观化一下。您说的研究方法那块的整体性，我觉得或许可以在它前面加一个研究内容，把我要做的整个东西描述一下，作为总起。

2021年12月21日，该学生把修改后的绪论初稿发给我，之后我们见面，对绪论的具体内容进行讨论，只是讨论内容没有记录。以下是修改后的绪论初稿目录：

绪 论　1
  一、研究缘起　1
  二、研究背景　2
    （一）Web 3.0 环境下的公益传播：微公益时代　2
    （二）人人公益：微博公益时代　2
    （三）趣味公益：微信公益时代　3
  三、研究意义　3
  四、文献综述　4
    （一）关于公益传播的研究　4
    （二）关于公益符号叙事的研究　7
    （三）关于公益组织微信公众号传播的研究　8
    （四）关于公益品牌传播效果的研究　10
  五、理论准备（符号学理论 待定）　10
    （一）皮尔斯的三分法　10
    （二）皮尔斯符号学三元符号传播模式　11
    （三）符号的双轴关系　12
    （四）SIPS 模式　12
  六、研究方法　12
    （一）研究内容　12

（二） 研究对象 13

（三） 研究方法 13

与下面论文定稿绪论部分的目录比较，可以看到两者之间最大的不同是结构的变化，论文定稿的文献综述从绪论中分离出来，单独成为一章。其他格式和内容的变化也有一些，请读者自行比较并思考一下为什么要做出这些改动。

绪论 9

（一） 研究缘起 9

（二） 研究背景 9

1.公益传播模式的发展 10

2.微博"人人公益"传播模式 10

3.微信"趣味公益"传播模式 10

（三） 研究意义 11

（四） 理论准备 11

1.皮尔斯的三分法 11

2.皮尔斯的三元符号传播模式 12

3.符号的双轴关系 12

4.符号意指系统 12

（五） 研究方法 13

1.研究内容 13

2.研究对象 13

3.研究问题 14

4.研究实施 14

（六） 研究思路 15

一、 文献综述 16

（一） 关于公益传播的研究 16

（二） 关于公益符号叙事的研究 18

（三） 关于公益组织微信公众号传播的研究 18

（四） 关于公益品牌传播效果的研究 20

思考与练习

1.请用一手文献说明我国互联网发展概况,并对主要数据做出趋势图。

2.针对自己感兴趣的选题,查询国家统计局或地方统计局网站,看看可否找到与选题相关的数据。

3.确认所找选题的关键词,利用学校资源在知网查询该关键词的相关文献,找到阅读量或下载量最多的前五篇论文。

4.详读找到的五篇论文,指认其文献类型,并从研究选题、理论依据、研究方法、研究结论等方面做出总结,并按照论文指导手册中要求的参考文献格式将五篇论文罗列于文末。

第四章　对研究方法的再认识

▶要点提示

1.质化研究方法

2.量化研究方法

3.文本分析方法

4.研究方法与研究主题的关系

如本教材绪论所述,毕业论文不仅仅是写出来的,更是做出来的。毕业论文要通过某些研究工作提出问题,解决问题,这一过程,需要有一定的研究方法作为保证。针对不同类型的研究主题,在研究方法的选择上可以有一定的指向性,原因在于不同的研究方法本身的适用性就各有侧重。本章就在回顾不同的研究方法的基础上,比较不同研究方法与研究主题的适用性,以期为毕业论文研究课题中研究方法的选择与应用提供参考。

第一节　研究方法概览

我们在前面绪论部分已经简单提到研究方法作为论文撰写的重要内容,在撰写时应该注意什么,也简要提到,研究方法通常根据所收集资料的性质不同区分为质化研究方法和量化研究方法,以及质化研究方法常用的小组访谈和深度访谈,量化研究方法常用的调查法、实验法、内容分析法。不过如果详细审视研究方法,可以发现,研究方法并不只是简单分为质化和量化那么单一,还可以有不同的分类视角,比如以研究对象来分类。而即便是以质化和量化来区分,在每一个大类下,又可以区分出大相径庭的方法。常常让学习者困惑的是,不同的教科书讲到每一种具体方法时基本类似,但讲到方法的分类时多有不同,不同说法之间常常会有一定出入,并且每一种说法自成体系,并不会关照其他不同的说法。对此有必要费些笔墨加以说明。

  研究方法在分类上存在一些不明确的说法,其原因主要有以下几个方面:一是,不同的研究方法有不同的学科归属或起源,然后被借鉴融合至其他学科,所以当研究立足点在不同的学科时,其应用重点会有所差别,在研究方法的分类上也会有所差别。比如,对传播学研究方法的介绍相较于对社会学研究方法的介绍,除了共通的研究方法外,会增加更多文本分析的内容。简单来说,不同学科背景下,对研究方法的分类会有所不同。二是,有些研究方法本身兼具质化和量化的特点,比如观察法和内容分析法,当使用情境和应用目的不同时,本身就较难明确分类的边界。三是,不同的教科书都会有不同的讲授重点,有些是从概念层面,有些是从操作层面,不同视角下对研究方法的阐述也会不同。所以读者在考虑研究方法时不必太纠结不同方法的分类与比较,如果能够了解和掌握每种方法适用于解决什么样的问题,不能够解决什么问题,适用的研究对象与不适用的研究对象,以及不同方法之间如何取长补短,综合应用,那么能够根据研究需要找到恰当可行的研究方法即可。这也是对读者在阅读本章内容时如何学习体会各种研究方法的建议。

  以下列举两本关于传播学研究方法的教材的目录,作为上述说明的例证。一本是《大众传播研究方法》[1],一本是《媒介与传播研究方法——质化与量化研究途径》[2]。这两本教材的可比性在于都是关于传播学研究方法的教材,它们与本书之前多次引用的《社会研究方法》(第十一版)的社会学学科归属不同。

  《大众传播研究方法》的目录:第一章 绪论:大众传播研究方法 / 第二章 大众传播研究:提出正确问题 / 第三章 参与观察:对新闻生产制作的研究 / 第四章 政策与档案研究 / 第五章 内容分析 / 第六章 视觉影像分析:叙事学 / 第七章 视觉影像分析:类型分析 / 第八章 影像分析:静态和动态图像 / 第九章 媒介研究:调查研究法 / 第十章 受众研究:焦点小组讨论法 /

---

[1] 汉森.大众传播研究方法[M].崔保国,金兼斌,童菲,译.北京:新华出版社,2004:11.
[2] 伯格.媒介与传播研究方法——质化与量化研究途径[M].黄光玉,刘念夏,陈清文,译.台北:风云论坛有限公司,2004:58-121.

第十一章 数据的计算机辅助处理与分析

《媒介与传播研究方法——质化与量化研究途径》的目录:第一部分 导论 / 第一章 什么是研究? / 第二章 图书馆找资料 / 第二部分 文本分析的方法 / 第三章 符号学分析 / 第四章 语艺学分析 / 第五章 意识形态批判 / 第六章 心理分析批评 / 第三部分 质化研究方法 / 第七章 访谈 / 第八章 历史分析 / 第九章 俗民方法学研究 / 第十章 参与观察 / 第四部分 量化研究方法 / 第十一章 内容分析 / 第十二章 调查法 / 第十三章 实验法 / 第十四章 基础描述统计 / 第五部分 总结 / 第十五章 十九个常见的思考谬误 / 第十六章 撰写研究报告

两本书的目录显示了各自的内容脉络,同样是讲述研究方法,前者是以研究对象为导向的方法讲述,基本是根据不同的研究内容,介绍不同的研究方法;后者是以研究方法本身为导向的方法讲述,基本是按照不同类型的研究方法,讲述各种研究方法。两者各有侧重,当研究问题明确时,前者可以提供有针对性的方法参考;当作为初学者学习研究方法时,后者作为学习教材相对容易。因此,虽然《媒介与传播研究方法——质化与量化研究途径》中的方法讲述不尽完备,但因其相对简洁清晰,且比较完整,在此以它为主要参考概述研究方法的整体样貌。

一、文本分析法

从《媒介与传播研究方法——质化与量化研究途径》的目录可以看到,书中将研究方法分为三大部分,一是文本分析的方法,二是质化研究方法,三是量化研究方法。这样的分类方式貌似与一般的质化研究方法和量化研究方法不同,但其实质是一样的,因为该书中的文本分析的方法本质上也属于质化研究方法的范畴,仔细分辨的话可以发现,书中列举的符号学分析、语艺学(修辞学)分析、意识形态批判、心理分析批评等文本分析的方法,正是一般意义上的质化研究方法的理论依据,或者说是从理论层面阐述质化研究方法的研究或分析视角。而该书质化研究方法部分主要是操作层面的访谈法和观察法等方法的体现。该书将俗民方法学研究和历史分析置于质化研究方法部分更显示了该书无意严格区分文本分析的方法和质化研究方法。本教材借用该书的研究方法分类,也是为了后续讲述研究方法与研究主题之间的关联时更为方便,同样不会刻意区分哪些研究方法属于哪一类别。这里先简要概括文本分析的几种方法。

关于符号学分析,该书主要介绍了符号学的缘起、代表人物和主要概念,以及分析方法与应用案例。首先,阐述符号学之父——索绪尔提出的符号的能指和所指的概念:由声音与影像组合而成的符号(sign)称为符号的能指(signifiers),而这些声音与影像传递到人心中产生出来的概念是所指(signifieds);阐述符号学奠基人皮耳士的符号三类目——肖像(icon)、指标(index)与象征(symbol),肖像是描绘外型的图像(resemblance),指标表示因果,而象征来自惯例;阐述外延意义与内涵意义,隐喻与明喻,互文性等其他相关概念。其次,阐述社会文化与符号的关系,介绍主要分析文本中一连串的事件,以及事件的排序所产生的意义的横轴分析(syntagmatic analysis),分析隐藏在文本中对立字眼的意义的纵轴分析(paradigmatic analysis)。最后,阐述符号学理论在新闻传播领域的应用,作为案例,讨论了"眼镜"和"牙齿"的符号意义。

> 符号学是了解人们如何从生活中的客体、典礼、文本中发现意义的重要工具。当你将世界看成"若不是由符号组成,至少也布满符号",并且知道如何用符号沟通的话,那你就拥有一个极有用的研究工具,不仅可以分析大众传播中文本的意义,还可以分析日常生活中的各种传播活动。

修辞学分析,书中翻译为语艺学分析,结合原版书中的内容,这里统一用修辞学分析。

> 修辞学分析法通常使用于演讲或写作研究,但随着大众媒体的急速发展,它也开始被拿来当作大众媒体文化,如广播、电视、电影作品的诠释方法。来自芝加哥大学知名的批评家巴斯(Wayne Booth)是最早提出修辞学学者应关注大众媒体的学者之一,他的呼声引起回响,现今修辞学学者对大众媒体的兴趣与日俱增。

关于修辞学分析,该书用修辞学的传统、修辞学与大众媒体、常用修辞学术语三个部分展开讲解。在修辞学的传统部分,介绍了亚里士多德的修辞学关于说服的三种方法。

第一种是伦理(ethos),基于讲者的个人性格,也就是他的可信程度;第二种是情感(pathos),让所有听众陷入某种心灵状态,激发他们的情感;第三种是逻辑(logos),来自演讲内容本身显而易见的证据,即文本中的证据。

还介绍了西塞罗的修辞学中关于演说的术语:创造、安排、风格、记忆、传递。

一个演说家的演说都涉及以下五种行为与能力……首先是知道自己要说什么,之后引领出他的发现,不能用老掉牙的方式,而是要精确传递论据的重要性;接下来是将论据装饰成繁复的风格,将所有素材牢牢记住;最后,以最具效果并富魅力的方式传递出去。

在修辞学与大众媒体部分,解释了由于修辞学对符号的解释力联结了大众传播中理解符号意义的需要等原因,修辞学应用于大众传播领域的必然性,并说明修辞学运用在媒体上的九个重点:

a.说服意图;
b.文本中符号形式的社会价值与效果(无论是作者有意还是无意造成的);
c.传播至阅听人的技巧;
d.戏剧或叙事作品中,角色们对彼此产生作用的说服技巧;
e.西塞罗从文本中发现的修辞学的五部分;
f.文本类型或样式的研究;
g.符号作品作者透露出的符号交互作用理论;
h.人们主导传播的理想状态;
i.什么可以使形式产生效果的研究。

在常用修辞术语部分,罗列并说明了寓言、押韵、对比、定义等十四种修辞手法,并通过具体的广告分析案例,说明如何以修辞学的视角分析广告文本。

关于意识形态批评和心理分析批评,该书有如下概括说明:

> 当我们检视媒体与大众文化时,我们的目的之一是从电影、电视表演、广告、歌曲等作品中找出其内容所含的意识形态。不同意识形态的人即使看着相同的文本,也会有不同的解读,因此合格的媒体研究是非常复杂的。原因在于艺术作品都是极其复杂与丰富的,并且经常会影响到不同的分析方法与阐释。
>
> 从美学的角度来看,媒体节目或许不是什么伟大的艺术作品,但如果意识形态批评家是对的,它所拥有的惊人影响力不容被忽视。
>
> 心理分析理论是借助弗洛伊德与其他思想家如荣格的洞察力,对任何种类的文本进行分析,无论是严肃的文学作品还是大众媒体中的文本……这两个人的理论都用来说明人们的心灵动向。而运用到文本分析上,则可以分析各种媒体形式的故事情节,以及其中人物的动机。

关于意识形态批判和心理分析批判,没有再详细摘录相关内容是因为它们的体例与符号学分析和修辞学分析类似,而从后两者的内容概括中已经可以看出这几种以文本分析见长的研究方法的特点:它们立足于不同的学科,为研究提供理论视角,之所以称为研究方法,是因为在一定的研究领域如文本分析,已经形成了基于它们的研究范式或研究理论。此时再回顾前面章节中关于研究范式与研究理论的相应内容,应该能加深对相关内容的理解。这也是笔者将这些方法称为理论层面的方法的原因。这几种研究方法,无一例外地在实际研究中还需要操作层面的方法将研究落到实处,与之相对应的操作层面的方法以质化研究方法为主。

二、质化研究方法

质化研究方法以了解和诠释为目的,在执行层面的特征是采用以小样本为基础的无结构的探索性的研究,研究结果主要不以量化或数量分析的方式体现。其中的主要方法包括访谈法、观察法和投射法等。《媒介与传播研究方法——质化与量化研究途径》中对访谈法进行了概括阐述,首先谈及作为研究方法的访谈的特点,其次阐述了如何做访谈。

简单来说,访谈(Interview)是一种介于"研究者"(Researcher)(指想要获取某项特定主题资讯的人)和"资讯提供者"(Informant)(有可能具备某种特定主题资讯的人)两者之间的一种对谈(Conversation)。

访谈法通过访谈者与受访者之间的对谈,借以了解受访者的动机、态度、个性和价值观等。访谈法具有两个显著的特点:一是整个访谈是访谈者与受访者互相影响、互相作用的过程;二是它具有特定的科学目的和一整套设计、编制和实施的原则。因此它并不等同于人们一般性的交谈。在具体操作方式上,访谈法主要包括小组访谈法和深度访谈法。

小组(焦点)访谈(Focus Group Interview),最早起源于精神病医生所用的群体疗法。它是指经过训练的主持人以一种无结构的自然的形式与一个小组的受访者交谈(通常人数控制在6-10人),主持人负责组织讨论,从而深入了解受访者对某一种产品、观念或组织的看法。同时企业和客户可以利用单面镜及隐蔽性的摄影机设备,在隔壁的观察室直接观察整个访谈的过程。

小组访谈不同于一问一答的面谈形式,它们之间的区别是"群体动力"(Group Dynamic)和群体访谈(Group Interviewing)之间的区别。群体动力所提供的互动作用是小组访谈成功的关键,一个人的反应可能会刺激其他人的思考,这种相互作用会产生比同样数量的人单独受访时所能提供的信息更多。①

深度访谈法(Depth Interviewing)是一种无结构的直接的个人的访问,在访问过程中,由掌握高级访谈技巧的访问员对访问对象进行面对面、一对一

---

① 黄京华.广告调查理论与实务[M].北京:中央广播电视大学出版社,2009:89.

的深入访谈,用以揭示受访者对某一问题的潜在动机、信念、态度和感情。[①]

同为访谈法,小组访谈法和深度访谈法的组织形式以及在时间金钱上的花费有所区别,适用范围和应用场景也不相同。在商业研究中,小组访谈法的适用范围比深度访谈法要广阔得多,它适合于大多数的质化研究。但是在毕业论文研究这样以个人为主体的研究中,深度访谈法虽然相较小组访谈法要花费更多的精力,但在组织管理上相对容易。这也是为什么我们会看到很多不同层次的学位论文使用深度访谈法,而使用小组访谈法的并不多。

观察法是指不通过提问或交流而系统地记录人、物体或事件的行为模式的过程。《媒介与传播研究方法——质化与量化研究途径》中比较了观察法与访谈法的差别,如表4-1所列,访谈法采用的是询问和聆听的方式进行研究,观察法是用观看的方式来实现。两种方法研究的时间点不同,访谈法既可以探求受访者目前的情况,也可以询问过去的事情,而观察是针对现在的状况,当然如果借助影像资料也可以用观察的方法研究过去的情况,但对过去某个时点的影像记录,在那个时间点仍然属于"现在",换一个说法,对于影像的研究更接近于文本分析的方法。访谈法既可以了解态度也可以了解行为,但观察法只能够观察到研究对象的行动,尽管行动的内容可以很丰富立体,可是无法得知其行动背后的动机,对动机的探求需要结合访谈的方法。

表4-1 观察与访谈的差别[②]

访谈(Interviewing)	观察(Observation)
过去和现在的	现在的
态度	行动
动机	内容
聆听和探测	观看

以不同的视角做区分,观察法可以有多种不同的分类:自然情境中的观察与人为情境中的观察,以被观察者是处于自然的状态,还是处于一定设计场景下的状态来区分;公开的观察与掩饰的观察,以被观察者是否知晓自己正在被观察来区分;人员观察与仪器观察,以用人员进行观察还是用某些特定的仪器设备来观察记录为区分;直接

[①] 黄京华.广告调查理论与实务[M].北京:中央广播电视大学出版社,2009:97.
[②] 伯格.媒介与传播研究方法——质化与量化研究途径[M].黄光玉,刘念夏,陈清文,译.台北:风云论坛有限公司,2004:124.

观察与间接观察,以直接观察研究对象还是观察研究对象的相关物品等为区分;结构性观察与非结构性观察,以观察记录是否有明确的结构来区分;非参与式观察与参与式观察,以研究者对研究场域的涉入程度来区分。

对于观察法,该书重点阐述了参与观察的概念及特点。认为参与观察是典型的"田野研究"(field research),观察在真实的环境下展开,无须对环境加以控制。研究者通常以"参与者"和"观察者"两种身份进行观察研究,因此需要对两种角色做出平衡,既要参与到环境当中以利于观察研究,又要避免"过度在地化"(going native)而影响中立性和客观性。在进行参与观察时,一些重要的考虑因素包括:研究场域,即要选择观察者能够进入且便于观察活动进行的场所;参与者,指被观察团体中人员的人口特征和在团体中的地位;被观察团体,即被观察团体的整体特征;被观察团体成员的行为,即不仅观察团体成员的行为,还要观察成员间的关系及核心人物;行为的频率与持续时间,观察时要区分经常性的行为和偶然性的行为,行为的持续性,并区分行为的共性和个性,把握行为发生的条件性。参与观察研究的优势明显,可以着重了解研究对象的行为,并通过对行为的了解和分析,明确进一步研究的问题,并且它是典型的"非干扰性"获得资讯的方式。

> 参与观察是被广泛使用的一种研究方式,也是最难研究的一种研究方式。这不仅因为人类的本质非常难被测度,也因为人与人之间的沟通关系复杂且难以被捕捉。尽管如此,参与观察仍是少数可以让研究者在一种自然的状态下获取有关人们做什么资讯的方法之一。通过这个方法,研究者可以把人们所"做"的和所"说"的做一个对照。
>
> 事实上,我们也可以用在参与观察中所使用的方法,来分析大众媒体的文本。假设在我们面前有一部电视秀在播放,比如一部肥皂剧或是一部科幻连续剧。一个去诠释这个电视秀的方法是把这部电视剧当成一个正在被观察的团体,然后,针对特定的几集戏,我们可以使用参与观察的一些研究技术来加以分析。此种分析方式已脱离了参与观察的传统运用,但我相信它将产生相当有趣的结果。[①]

---

① 伯格.媒介与传播研究方法——质化与量化研究途径[M].黄光玉,刘念夏,陈清文,译.台北:风云论坛有限公司,2004:189-190.

关于该书质化研究方法部分提及的另外两种方法,历史分析和俗民方法学研究,因其方法并不是典型的操作层面的研究方法,所以在此不做阐述,留待本章第二节再做阐述。

三、量化研究方法

量化研究方法的核心是其资料的量化特征,即量化研究方法所收集到的资料可以用数据来表现或描述。由于量化特征的界定,对量化研究方法的确认似乎比较容易。与很多有关研究方法的教材将调查法近似等同于量化研究方法,或将调查法和实验法作为主要的量化研究方法不同,《媒介与传播研究方法——质化与量化研究途径》[①]将内容分析法、调查法、实验法并置为主要的量化研究方法。

(一)内容分析法

书中最先阐述了内容分析法的定义和概念,以及操作流程等内容。

> 内容分析(Content Analysis)是研究媒介与传播的学者们最常用的研究方法中的一种。这是因为它能够衡量人们的行为,而语言行为即人类行为的一种形式。相较于民意调查这种使用者们说他们做了什么(或将做什么)但又无法显示其真正做了什么(或将做什么)的研究方法,内容分析处理的是人们真正做了的行为。内容分析所分析的行为包括人们与他人的言谈、电影与电视节目中角色人物之作为,以及杂志报道(一般读者心目中的)"英雄"的撰写方式。

书中转引了查尔斯·莱特(Charles R. Wright)于1986年出版的《大众传播:一个社会学的观点》(*Mass Communication: A Sociological Perspective*)中对内容分析的定义:

> 内容分析是一种根据事先决定的分类项目来对传播内容进行有系统的

---

① 伯格.媒介与传播研究方法——质化与量化研究途径[M].黄光玉,刘念夏,陈清文,译.台北:风云论坛有限公司,2004:193-217.

分类与描述的研究方法。它可能涉及量化的分析或质化的分析,或同时涉及量化与质化两种分析。内容分析所追求的客观,在技术上要求分类与分析的类目必须界定清楚、在操作性上定义清楚,以便其他的研究者能够切实地照着做,并得到相近的结果。

另外还转引了乔治·纪意托(George V. Zito)于 1975 年出版的《方法学与意义:社会学研究的种类》(*Methodology and Meanings: Varieties of Sociological Inquiry*)中对内容分析的定义:

> 内容分析可以被定义为一种研究方法,是研究者用来对书写的、口语的、出版的传播之明显易见的内容进行"有系统的"(systematic)、"客观的"(objective)、"量化的"(quantitative)分析。再者,它是量化的方法,可以用来分析那些传统上被称为质性素材的资料,像书写的语言文字等。由于所有书写的传播(包括小说、信件、杂志,以及报纸上的报道)都是由传播者产出的,因此传播者的意图可能是我们研究的对象。我们也可能对传播的阅听人或受众产生兴趣,我们可能会想了解这些状况。

从以上定义不难看出,内容分析的核心是用量化分析的方式对定性的或者说是质化的文本进行分析,当然这里的文本不是仅指书面的文字,而是包含影像、图片在内的广义的文本内容。因此内容分析可以应用于任何文献或有记录的交流事件,适用于不同学科中与内容有关的研究。由于是针对定性的内容进行分析,所以要有一个将定性的文本内容转化为量化的数据的过程,而这一过程通过对所研究的文本内容进行定义和编码来实现。这里的定义不同于字典里用字词和概念做出的定义,而是指"操作性定义"(operational definitions),即能够据此实际衡量和诠释某一概念或事物。同一个概念的操作性定义下的类目须互斥且完备,不同概念的操作性定义不能有交叉重合。在进行内容分析时,能够作出操作性定义,且符合前述要求,不是一件容易的事情。编码是内容分析至关重要的环节,是将文本内容转译为数字的过程,有赖于此,质化的文本内容得以转化为量化的数据。编码分为两个大的步骤,先是研究者依据对文本的操作性定义编制编码表,这类似于调查法中研究者编撰调查问卷,编码表用于记录每一个内容单位的属性,其中的类目应尽可能详尽。然后再由研究者充任编码员或请专门的编码员,对其进行培训后,依据编码表对所研究的文本进行编码登录,这一步类似于调查法中访问员拿着问卷询问受访者问题,并将答案填至问卷中。至此,文本内容被记录为数字形式,后续再将这些数据录入数据库,即可进行进一步的数据分析。该书给出了进行内容分析作业流程的步骤清单:

(1)想好你想要发现什么,并对你所期待的发现提出假设,也就是提出有学养根据的猜测(educated guess)。

(2)解释你在研究什么,并说明为什么这个研究值得做。

(3)为你将研究的主题提供操作性定义。

(4)解释你根据什么选择你将分析的样本。你是如何决定选择所要研究的例子的?

(5)描述你的分析的单位是什么。

(6)描述你的分类系统或是编码用的类目系统。记得类目必须彼此互斥,而且你必须涵盖你所分析的每一个例子(也就是类目要穷尽)。

(7)决定你的编码系统(coding system)。

(8)检验编码相互可信度,并做必要的调整,例如增加编码员训练与练习,或是调整操作性定义与编码指引(code guides)。

(9)用你的编码系统分析你所选取的样本。

(10)用你从内容分析得到的量化的资料呈现你的发现。

(11)用你的数据资料与其他可能与你的研究有关的材料来诠释你的分析结果。

这一步骤清单明确提出了每一步骤的要求,其中涉及前面已经阐述过的操作性定义和编码。流程中还有一个重要的问题是编码的可靠性,因为内容分析的核心是将质化的文本内容通过编码转换为量化的数据,编码是否可靠就成为内容分析是否可信的关键。因此,在内容分析过程中,研究者编制完成编码表后,需要检验编码表的信度,以及对编码员进行培训。编码员培训会议构成了一种非正式的信度检验,甚至根据需要调换不能胜任编码工作的编码员,然后再进行编码表的信度检验,直至达到研究者的要求,才能展开进一步的编码工作。在采用内容分析的研究中,信度检验是必需的步骤,并且检验数据要在论文中有所体现。

> 检验信度[内容分析的专业术语称之为"编码相互可信度"或"编码相互同意度"(intercoding reliability)]最简单的(也是相当有效的)方法是,让几位编码员分析相同的内容,然后比较各自的结果。研究者寻找同意度的百分比,当然,同意度越高,可信度(即编码者之间的相互同意度)也越高。一般典型的做法是,可信度达到90%或更高被认为是可接受的。

步骤清单中提到的选择分析样本的问题,即如何抽取样本,其重要程度不亚于编码,因其内容相对独立且与调查法的抽样有共通之处,所以在后面专议。

(二)调查法

对于调查法,该书引述了如下定义,并说明调查法作为研究方法的要点:

> 调查法是一个收集、分析社会资料的方法,透过高度结构化的仔细的访问或问卷调查,从一群受访者中获得资讯,并假设这群受访者能够代表某特定母体。
>
> 这个描述让我们注意到调查法的四个要点:(1)调查法的作用是要收集、分析社会、经济、心理学、技术、文化和其他种类的资料;(2)调查法基于访问员与受访者间的询问回答;(3)调查法实施在研究母群体中具有代表性的样本上,针对能够代表母体的样本进行研究;(4)调查法假设,从样本身上获得的资讯可概推至研究母体。

上述定义中的母体即通常所说的总体。调查法使用的情形通常是研究者想要了解某个较大群体的情况,这里的较大群体即总体。但因为总体中的个体众多,难以一一询问,因此从总体中按照一定原则抽取其中的一部分个体进行调查研究,这部分个体的集合即所谓的样本,有时也将其中单个的个体称为样本,所以对样本含义的理解需结合语境来判断。比如样本量的概念,是指样本中个体的总量,如果说成样本的总数量也可以。当然严谨的说法应该是前者。定义中强调了被调查的这群受访者应该能够代表母体，即总体。也就是说从总体中按照一定原则抽取到的样本应该能够代表总体。从总体中抽取样本的过程即抽样。抽样时所遵循的一定原则决定了样本对总体的代表性。

总的来讲，抽样遵循随机和非随机的原则，分别称为随机抽样和非随机抽样。随机抽样是指总体中的每一个个体都具有相同的被抽取的概率，所以又叫概率抽样，以随机抽样的方式抽取的样本称为随机样本。非随机抽样是指在不遵循随机抽样中等概率的原则的情况下，从总体中抽取样本。当研究者选择调查法进行研究时，是用随机抽样的方法还是用非随机抽样的方式抽取样本，往往不是出于主动选择，而是受条件所限：当能够进行随机抽样时，通常会选择随机抽样，因为这样得到的样本能够更好地代表总体；当不能够进行随机抽样时，只能选择非随机抽样。能够进行随机抽样的前提是总体边界清晰，有能够用于保证随机性的抽样资料。当确定用随机抽样的方式抽取样本后，研究者一般可以根据研究的需要在下面几种随机抽样的方法中做出选择：

简单随机抽样：用抽签或随机数表，或数据应用软件等方法使得总体中每一个个体被选入样本的概率相同。

系统抽样：先将总体的每个单元编号，从这些编号中随机地抽取一个编号，其所对应的单元作为样本的第一个单元，然后再按照某种确定的规则抽取其他的编号，其对应单元作为样本的其他单元，其中较常用的规则是等距规则，即在抽中第一个单元后，间隔固定距离，抽取第二个单元，第三个单元，以此类推，直至抽中所有样本单元。

分层抽样：先将总体按某些特性分成若干互不重叠的子总体（或层），然后在各个子总体（或层）中按照相同的比例（样本量/总体单元数）随机抽取子样本，所有子样本合在一起即为样本，分层时可以根据研究的具体要求，按照一个或多个特性来分层。

整群抽样：先将总体划分为若干互不重叠的群，然后在所有的群中，随机地抽取一部分，对抽中的这些群内的所有单元进行调查。分层抽样与整群抽样都是先将总体划分为互不重叠的若干部分，但划分的原则不一样：分层时，要将在某些特性上比较一致的单元分为一层，而各层之间的差异较大；分群时则恰恰相反，要求各群之间的差异较小，每个群中各单元的差异较大。

多级抽样：又叫多阶段抽样。以二级抽样为例，先将总体分为互不重叠的若干部分(称为一级单元),从中随机抽取一些一级单元,这是抽样的第一阶段。再从这些抽中的一级单元中分别随机抽取子样本,所有的子样本合起来构成样本,这是抽样的第二阶段。多级抽样适合于大规模调查。

从管理和实施上看,后面几种抽样方法比简单随机抽样更为便利高效,理论上也能够满足总体中每一个个体被选入样本的概率相同的要求,不过不同的抽样方式在样本量相同的情况下,其样本对总体的代表性不同,或者说样本与总体的统计误差不同,一般分层抽样的精度要高于整群抽样。

在社会科学研究中,能够进行随机抽样的情况并不多,因为研究者面临的总体往往边界不清或个体构成复杂,此时就只好用非随机抽样的方法进行抽样调查。此时样本对总体的代表性不再能够通过统计方法计算出来,而要依靠在调查的抽样设计中尽量抽取能够代表总体的个体,以使抽取到的样本能够尽可能地代表总体。综合样本获取的便利性和样本对总体的代表性两方面的考量,非随机抽样的方法常用的有以下几种:

就近法、偶遇法:以方便为原则,将能找到的个体作为样本进行调查。

目标式、判断式:有目的地寻找满足调查要求的个体,只要符合调查要求就可以作为调查样本。

滚雪球式:通过符合要求的受访者找到新的符合调查要求的受访者,像滚雪球一样逐步扩大调查样本。

配额式:利用设定好的与调查相关的指标,比如性别、年龄等,参照总体中相应指标的构成比例,按相同比例或其他设定抽取样本。当按照相同比例进行配额时,所抽取到的样本中相应指标的比例,与总体中相应指标的比例一致,因此被认为有比较好的代表性。所以利用配额方式抽取到的样本在进行数据分析时常常被当作随机样本看待。商业调查中常采用前几种抽样方式,质化研究选取受访者时往往也是用这几种抽样方法。做学术研究时,不能做到随机抽样的情况下,一般会尽量采用配额抽样的方法,使得研究样本更具代表性。

调查法按不同的研究目的可分为描述型调查和分析型调查。描述型调查的主要目的是描述所研究的总体,用描述性数据或统计量说明所研究总体的相关指标的现状。分析型调查往往是在描述型研究的基础上,进一步探究现有指标数据所反映出的指标之间的相关性,用来说明某些现象或行为产生的原因。这两种类型常常结合起来使用,只是在不同情况下会各有侧重。举例来说,某城市某时段的收视率调查数据是描述型调查数据,但如果进一步分析不同性别、不同年龄层的收视情况,就需要做分析型调查。而在实际的收视率调查实施时,会兼顾到这两个层面的数据需要,同时收集众多相关指标的信息。

调查法作为研究方法的特征较其他研究方法概念清晰,边界明确,理解起来应该最为容易,但它的操作实施并不容易,其难点在于,由于其大样本的特征,以及样本代表性的要求,它的资料收集的工作量相对较大。其资料收集的方法根据问卷发放和填答方式的不同可以有不同的分类,较为常用的有:面访法,包括入户一对一访问,在一定的场所拦截受访者进行访问等方式;电话访问,包括传统的人工拨打电话访问,将电话访问系统计算机程序化,整个访问过程由计算机控制的计算机辅助电话访问等;网络调查法,利用互联网,采用电子邮件、专门的调查软件等进行调查问卷的发放回收。还有如邮寄、传真等发放问卷的方式,不再一一列举。

调查法的核心工具是问卷,无论用什么样的抽样方式或什么样的访问方式,调查法的基本模式是用请受访者填写问卷的方式来收集资料。调查问卷设计得是否科学合理,直接影响调查的质量高低。调查问卷的设计有很多具体要求,在此不详述,只对其中较为直接影响论文写作的内容加以说明。问卷中的问题分为两大类,一类是封闭性问题,一类是开放性问题。开放性问题指的是问题的答案是开放性的,不提供备选答案,只是在问题下方留有空白,由受访者根据自身的情况去填答。封闭性问题是指问卷中的问题已经设计好完备的答案选项,受访者直接从问卷选项中选出符合自己情况的答案即可。一份问卷通常会以封闭性问题为主,封闭性问题的选项直接对应数据编码,可直接转录至数据库进行数据分析。封闭性问题根据题目的问法和答案设置的方式不同可以有多种变体,其中以类似于考试的选择题的问题类型为主,另有一类专门的题目称为李克特量表的题目类型:

> 最常使用的量表方式大概要归功于李克特(Renis Likert,1932)。李克特提出了广受欢迎的"五分评量表",它可以变为三分或七分、同意—不同意量表,可以变成支持—不支持、赞成—反对,或是完美—不好量表,但原则是相同的:为某概念提出一长串可能的量表项目,并找出能测出多种面向的量表。

如果概念是单向的,那么一组量表就够了;如果是多重面向的,就需要许多组量表。

在以下李克特量表中提出一个问题,要求民众从五个程度中选择:非常同意、同意、没意见、不同意、非常不同意。这个例子适用于新闻节目的问题:

地方新闻最重要的就是内容的精确性。

1)非常同意 2)同意 3)没意见 4)不同意 5)非常不同意

由此可知,李克特量表可让你把意见和信念数量化,能得到比其他许多方法更精确的信念、意见指标。

问卷和抽样是调查法实施的两个关键点,抽样是要针对研究问题找到对的受访者,问卷是要针对研究问题问出受访者真实的想法。受访者通常没有义务回答问卷中的问题,也常常记不清很多事情,所以如何设计一份能够便于受访者回答,又能探究到受访者真实想法的问卷有很大的难度。因此设计一份调查问卷,要经过反复讨论修订,初稿确定后还需要对问卷进行预访问,目的在于,要检查所有的问题设置是否合理、周全,整体的问卷结构是否有利于问卷的执行。预访问要像正式执行一样来操作,找到符合研究要求的受访者,完整填答十几份或几十份问卷,发现问卷中的问题,以便在做更大型的研究之前将这些问题解决。这与内容分析中设计编码表的过程有些类似,内容分析法的编码表在设计过程中也要反复测试,直至不同的编码员能够达到较高的一致性为止。前文提到过内容分析法的编码表与调查法的问卷类似,但实际上它们在细节处有很多不同。因为研究对象不同,一个是针对文本,一个是针对人,所以编码表在设计时不会有李克特量表之类的问题,这类问题询问的是关于人的态度和观点,是将人的观念中的定性的成分用量化的指标来测量,是调查法问卷中的重点询问内容。编码表通篇都是客观的选择题目,但其主观之处在于编码员是通过对文本的解读判断文本的内容归属于编码表中哪一具体类目的。所以,有时需要对编码表制定专门的编码手册,意在给编码员做出明确的编码指导。对于调查法,为了调查问卷的执行更为规范,研究者也会制定访问员手册,指导访问员询问受访者,同时更需要将部分说明性文字写于问卷当中,直接呈现在受访者面前,以方便受访者填答问卷。

(三)实验法

同为量化研究方法,内容分析法、调查法和实验法三者相比较,实验法是最为独特的。从研究对象来看,内容分析法研究的是文本内容,在社会科学领域,调查法和实验法的研究对象主要是人,似乎实验法和调查法更相近,但如果考虑到方法本身的实施、操作和数据分析,内容分析法和调查法在操作实施时的相近度要高于它们和实验法的相近度,在数据分析方面,内容分析法和调查法的数据分析没有大的不同,而实验法的数据分析以方差分析为其典型分析方法。实验法最为独特之处在于它是唯一能够探索因果关系的方法。这一点是实验法与以询问为手段的调查法的根本区别。相比而言,实验法由于其费用高、时间长、操作难等特点,在社会科学研究中的应用相对较少。

在社会科学研究中的实验法类似于我们中学时期做的化学实验,通过一定的程序或试验,从影响研究问题的众多影响因素中选取一个或几个因素(即自变量,Independent Variable),将它们置于一定条件下,对因素进行改变,观察这些因素的改变对所研究问题的相关指标(即因变量,Dependent Variable)的影响,分析实验所涉及的因素间是否存在因果关系。这里会涉及以下基本概念:

自变量:又称实验变量,指由实验者控制的变量或因素。

因变量:实验所观测的变量,即实验结果、观察值。

外部变量(Extraneous Variable):又叫无关变量,是影响实验实体反应的除自变量之外的其他所有变量。外部变量是社会实验中必须努力加以控制、排除或平衡的。

实验法涉及的相关概念比较多,除了上面提到的不同的变量外,还有实验的设置实施以及与实验效果相关的概念。在一项拟采用实验法的研究中,会先设定研究假设,假定自变量会影响因变量,然后去实施实验法的操作。实验法的操作流程有以下步骤:首先是以随机的方式将研究对象分为两组,一组是实验组(experimental group),一组是控制组(control group)。随机的方式是前面提到的各种随机抽样的方式,即以随机抽样的方式进行分组。实验组,即即将进行试验的群体,组中个体会受到处置,自变量会发生变化。实验组的众多别称包括,处理组(treatment group)、干预组(intervention group)或刺激组(stimulus group)等。控制组又称对照组,是指在实验期间组中个体不会受到处置,自变量不发生变化的群体。其次,对实验组和控制组中的个体的因变量进行测量,即进行所谓的前测,意指未对实验的自变量加以干预之前对因变量的测量。然后,操作一个处置,但只针对实验组的自变量,对控制组不做任何事情。最后,进行后测,即对实验组的自变量进行处置后,对实验组和控制组的因变量进行测量,测量之后对比实验组和控制组的因变量的数据,看看两者是否在统计意义上有明显差异。

回顾整个过程可以发现,由于在进行实验组和控制组的分组时采用的是随机抽样的方式,这样就排除了其他因素的影响,因此可以认为实验组和控制组的构成是一样的,即组成两个群体的个体特征相同,而之后的所有程序中,只有对实验组加以处置,对控制组不施加处置这一个操作对实验组和控制组有所不同,因此按照逻辑,如果实验组和控制组后测得到的因变量数据在统计意义上有明显差异的话,一定是对实验组的自变量的处置造成的,以此就能够判断由于自变量的改变引起了因变量的变化,也就是说能够判断自变量与因变量的因果关系。这正是实验法区别于其他方法的特别之处。当然,实验法的难点也在于此,可以看到在实验时如果不能控制好外部变量,实验法的判断逻辑就不能成立,所以在进行实验设计时,控制好外部变量非常重要,但又不容易做到。这就涉及实验的有效性的问题。

对于一项实验研究,实验效果是需要加以报告的事项。与之相关的概念有实验误差和实验的效度。实验误差是指进行实验时,虽然会通过实验设计尽量控制或消除部分外来因素的影响,但是还会有一部分未能识别的外来因素的影响存在,或者实验测量时也会有随机误差存在,这两部分误差统称为实验误差。在实验设计时应尽量消除或减小因变量受外来变量和测量误差的影响,以减少实验误差。实验的效度反映了实验的有效性,分为内部效度(internal validity)和外部效度(external validity)。内部效度表示用实验测量自变量对因变量的影响或效应的准确性。控制外来变量是建立内部有效性的一个必要条件。内部效度反映的是实验本身的有效程度。外部效度表示将实验的结果推广到实验环境以外或更大总体的可能性。如果具体的实验环境没有现实地考虑到真实世界中其他相关变量的影响,外部有效性就会降低。

还有一个关于数据分析的概念——方差分析。方差分析是实验法专属的数据分析方法,是对实验数据进行统计分析最常用的方法,方差分析因其检验统计量服从 F 分布,故又称 F 检验,其目的是推断两组或多组资料的总体均数是否相同,所以实验法中实验组与控制组数据是否存在差异正好与方差分析模型相匹配。

在社会科学中应用实验法远比化学实验复杂得多。因为社会科学研究中的因变量不仅受到自变量的影响,而且有很多外部变量也对其产生影响,而在实验中,这些变量往往不易控制,使得实验难以实施。由此借用前述经典实验法的思路进行的实验应运而生,这些实验拓宽了实验法的定义。

根据实验环境的人工化和真实性程度的不同,实验法又可以分为实验室实验(Laboratory Experiment)和现场实验(Field Experiment)两大类。顾名思义,实验室实验指在实验室或者说可控环境下进行的实验,现场实验则是指在实验室以外的真正市场条件下进行的实验。如果我们邀请受测者到公司的实验室中,进行三种品牌果汁饮料的口味测试,这种实验环境有相当高的人工化程度,属于实验室实验。但如果我们到不同地区的商店中进行实验,这种实验就具有相当高的真实性程度,是现场实验。实验室实验对自变量的控制比较严密,自变量和因变量之间的关系比较明确,但是由于研究是在控制情境中进行的,研究结果难以推广。现场实验对变量的控制较难,容易受到外部变量的影响,因此自变量和因变量之间的关系不那么确定。①

也有些实验即使在实验室中进行,但并未严格按照实验组和控制组的对比来进行,或者测量方式也不同于传统的前测和后测的方式,却成为社会科学研究中实验法的经典范例,比如 Ash 关于从众行为的实验研究。究其原因是这些研究把握住了实验法的精髓——控制住其他影响因素,创意性地设计了实验方案。所以,我们对实验法的理解可以适当拓宽。《媒介与传播研究方法——质化与量化研究途径》②关于实验法有如下阐释:

> 以下有一段对实验定义稍有不同的叙述,是舒兰伯格(James A. Schellenberg,1994)在《社会心理学导论》一书中所提:
>
> 实验法(experimentation)——就是在一个受到控制的环境中,对现象所做的观察。在实验室实验中,研究者为他所要观察的对象创造一个背景;而在现场实验中,研究者在既有的社会背景之下,只操弄某些变项(变量)。第三种自然实验(natural experiments),有时被指研究者没有操控任何事物,但事情自然以一种(研究者希望通过控制而产生的)方式发生。

相比于内容分析法和调查法,实验法在新闻传播领域的研究中使用相对不多,方

---

① 黄京华.广告调查理论与实务[M].北京:中央广播电视大学出版社,2009:79.
② 伯格.媒介与传播研究方法——质化与量化研究途径[M].黄光玉,刘念夏,陈清文,译.台北:风云论坛有限公司,2004:237.

法本身实施的难度和一定数据分析水平的要求是重要原因。但无论如何,因为实验法所具有的能够探求因果关系的独特性,在研究中使用实验法是值得鼓励的。

我们可看出,要定义实验法是困难的(因为有许多不同种类的实验),而且要执行更是加倍地困难(因为人很复杂,不易了解)。然而,在过去有,未来还会有许多与媒体相关的实验研究,而且研究者来自不同的领域,像心理学、社会学和传播学。实验研究在不同的期刊被报道,成为大众媒体组织、政府及学术社群当中非常有吸引力的主题。

(四)不同方法的比较

在叙述完三种主要的量化研究方法后,有必要对三者加以比较。在新闻传播领域,量化研究方法中的内容分析法比调查法和实验法都更为常用,其原因在于它作为研究方法有明显的优点:(1)非侵扰性的(unobtrusive)。研究对象是文本,不需要打扰受访者;(2)相对而言费用不高;(3)既可分析当前的事件、时下关心的主题,也可分析以往的议题;(4)所使用的素材比较容易取得,也比较容易处理;(5)资料可以数量化。

内容分析法的优势有多明显,它的不足就有多突出。正如我们经常看到的,一项单纯以内容分析法为研究方法的论文常常给人意犹未尽的感觉,其原因往往并不是研究不够深入,或者不够全面,而是由于方法本身的局限。研究使用内容分析法很难让人觉得满意的地方主要集中在这几个方面:(1)不容易找到具有代表性的样本;(2)测量单位难以确定;(3)不容易取得较高的编码信度;(4)难以作出名词的操作性定义。

内容分析法与调查法除了研究对象不同,还有在整体操作流程上虽有诸多类似之处,但比较其具体操作,也可以发现其区别。编码表尽管类似于调查问卷,但在形式和内容上都有不同。抽样也如此,尽管遵循同样的抽样规则,但因为媒体出版发行和播出都有一定的时间周期,所以对媒体的抽样有其特殊性。有研究者提出对于媒体的抽样可以用构造周、构造月、构造年的方式抽取,以减少样本量,提高研究效率。构造与自然相对,构造周即在一定周期内随机抽取星期一、星期二、星期三,以此类推,直至星期日,抽中的不同自然周中的星期一、星期二、星期三……一直到星期日,形成一个新的星期,其中的每一天可能都不在一个自然周,但其中的星期一就是星期一,星期二就是星期二……这样的好处在于,如果媒体内容是以周为生产周期的,那么用较少的样本量能得到较多完整的周,这些周既能够尽可能多地体现一周中每一天媒体内容的特征,又尽可能多地覆盖了一定的时间周期,即用较少的样本量,扩大了样本的分布范围,增强了样本的代表性。构造月和构造年同理。

表4-2 对媒介进行分层抽样——对内容做推论的有效分层抽样方法[①]

内容的类型	样本的性质
1年的日报	1年中抽取两个构造周(随机抽取两个星期一、两个星期二、两个星期三……)
1年的周报	该年度的每个月随机抽取1期
1年的电视网晚间新闻	该年度每个月的新闻播报中随机抽取两天
1年的新闻杂志	该年度的每个月随机抽取1期
5年的消费者杂志	抽取1个构造年(从每个月中随机抽取1期)
5年的日报	9个构造周(随机抽取9个星期一、9个星期二……)

《媒介与传播研究方法——质化与量化研究途径》[②]中列举了调查法的优点和使用调查法会遇到的问题:

> 使用调查法有一些优点,这也说明了它为何普遍被使用。调查法也常用于报章杂志,部分是因为民众对调查的结果感兴趣,即使一般人通常不愿意参与调查:
> (1)花费不多
> (2)可以获得时下的资讯
> (3)一次得到大量的资讯
> (4)提供量化的或数字的资料
> (5)普遍被使用(可能某个你需要的资讯已经在某个调查中被发掘)
> 身为一个研究者,在使用调查法和问卷时,有几个常见的问题是你要留心的:
> (1)人们通常不会说出真相,尤其是关于私人的事情
> (2)即使他们试着说出真相,也还是会说错

[①] 里夫,赖斯,菲克.内容分析法——媒介信息量化研究技巧[M].2版.嵇美云,译.北京:清华大学出版社,2010:114.
[②] 伯格.媒介与传播研究方法——质化与量化研究途径[M].黄光玉,刘念夏,陈清文,译.台北:风云论坛有限公司,2004:237.

(3) 一般来说,要获得具代表性的样本是十分困难的

(4) 人们通常拒绝参与调查

(5) 只有少数比例的人会回应且交回问卷

(6) 要写出好的调查问题并不容易

(7) 有些人是不会告诉你事实的

调查法确实是社会科学研究中常用的方法,但对本科毕业论文研究者来说,使用调查法要慎重,因为调查法花费不多的说法是相对的,调查法通常会有问卷印刷、访问员劳务等基础性支出,对于没有经费的研究者,这些就是不菲的花费。样本代表性是另外的问题。相较于以趣味性内容为主的媒体所做的社会调查和以探索性了解为重点内容的商业调查,一项学术研究的调查对样本代表性的要求更高,这意味着调查执行的难度更大。尽管各种类型的线上调查日益普及,基本能够解决花费的问题,但其样本代表性和调查的可信度都容易出现问题,进而降低研究品质。

至于实验法,其能够探求变量间因果关系是突出的优点。但实验法在操作上并不那么容易实现,对于研究者来讲,实验法的应用不仅需要严谨的方案设计和严密的实施,还需要一些创想。

第二节 研究方法的应用

对不同的研究方法有了基本的了解之后,我们应该就能够在实际研究中选择某一种恰当的方法,或某几种方法来研究我们提出的研究问题,经过由研究方法支撑的论证过程得到研究结论,进而完成整项研究。不过在众多的研究方法中如何选择与自己的研究主题相适配,能够解决相应研究问题的研究方法,值得进一步探讨。首先,我们在考虑一项研究用什么研究方法时,应该从哪些方面着手,要考虑哪些因素。其次,研究主题和研究方法之间是否存在一些既定的模式化的对应关系,也是值得探讨的。

一、选择研究方法的考虑因素

当研究者选定研究主题,明确研究问题之后,就会考虑用什么样的研究方法来进

行相关的研究，当然，这几个行为有可能同时进行。在上一节我们回顾了主要的研究方法，但还是留了一些内容在这里阐述，为的是避免重复。在此处探讨选择研究方法的考虑因素时，文献研究法、历史分析法、个案研究法和案例研究法都会被提及。

在考虑用什么研究方法时，考量的因素之一是所做的研究是以对文献资料的分析为主，从中梳理出研究问题的论据，还是偏重实证研究，通过实证研究探寻研究问题的论据。即用文献研究法还是用实证研究的方法。当然任何的研究，都需要有文献资料作支撑，但是的确有一类研究，是完全或者说主要是对文献资料进行分析，如此进行的研究在方法上称为文献研究法。有很多学生在写毕业论文时，经常会在研究方法处将文献研究法列为论文研究的方法之一，但事实上需要澄清的是，我们一般研究中的文献综述，或者说做的文献资料的查找工作，是任何一项研究应有的题中之意，不能算作文献研究法。只有当整篇论文或者论文主体部分做的是文献研究，或者说文献研究在论文研究中起了非常重要的主体作用，这个时候才可以说论文研究采用了文献研究法。所以，在写作毕业论文时，在研究方法部分不要很随意地将文献研究法罗列其中，不是说研究时查了资料，做了文献梳理，就是用了文献研究法。

文献研究法当然也可以和其他的研究方法结合使用，比如文献研究法经常用于法规、政策等方面的分析研究，此时如果结合深度访谈去探求政策法规出台的背景、有关内容的解读等，就是典型的文献研究法结合深度访谈方法的研究。也可能用内容分析的方法对文献进行分析，此时如果文献是该研究主要的研究对象，并基于文献做主体研究，那么此时文献研究法可作为研究方法之一在研究方法处加以陈述。文献研究法的另一个重要应用方向是与历史分析结合，毕竟历史分析的研究对象主要是文献资料。这又导出选择研究方法时的另一个考量因素：研究者所做的研究是历史面向的研究还是现实面向的研究，也就是说是历时性研究还是共时性研究。《媒介与传播研究方法——质化与量化研究途径》[①]中概述了历史分析的方法，使用的是历史研究途径和比较研究途径的说法。该书在探讨了什么是历史、历史研究的种类、历史的模式与分析之后，讲述如何做历史研究时，阐述了历史研究途径与比较研究途径的不同：

> 历史就我们这里的目的来说，一方面，是处理有关过去以及时间变迁的

---

① 伯格.媒介与传播研究方法——质化与量化研究途径[M].黄光玉,刘念夏,陈清文,译.台北:风云论坛有限公司,2004:124-168.

议题。另一方面，比较分析则是处理有关空间变迁的议题。

书中列表比较了两者的差别，可以看到对于同样的研究主题，由于研究途径的不同，研究的方向会大相径庭。

表 4-3 历史研究途径与比较研究途径的差别

历史研究途径	比较研究途径
研究时间的变迁	研究空间的差异
关心某一时间点之前及之后	关心此处与彼处
收集有关迪士尼乐园的早期及近期文献	收集有关美国、法国与日本等不同国家迪士尼乐园的相关文献

采用历史研究途径时，研究者通常会在研究方法处冠以历史分析的方法，尽管在社会科学研究领域不容易做到像专业的历史学家那样从事历史研究。要注意的是，当研究者写明用历史分析方法进行研究时，应该意识到历史分析准确来说应该是一种方法论，所以当研究者声称自己做的研究是采用历史分析的方法时，还应进一步指明是使用什么具体的研究方法，是文献研究法，还是接近于访谈的口述史的方法，或者是对文献资料进行了内容分析，还是对历史数据进行了统计分析。

所以，在考虑研究方法的选择时，时间也是一个重要因素，暗含了是选择做历时性研究还是共时性研究，还是两者兼而有之，这对后续具体研究方法的选择有很大的影响。紧接着需要考虑的是我们的研究对象是什么，因为研究对象不同，直接影响到研究方法的选择。我们的研究是针对文本，还是针对个体，或者是组织机构。如前所述，如果是针对文本，研究者可供选择的方法有符号学分析、修辞学分析、心理学分析等，利用相关理论去诠释或阐释研究对象，也可以用量化的内容分析方法去分析研究对象，更可以将质化的内容诠释和量化定量的内容分析结合使用，以达到更全面深入的研究效果。也有可能针对文本内容，辅以访谈法、调查法或实验法的研究方法，了解人们对文本内容的认知或态度。如果是针对人的研究，研究什么样的人对研究方法的选择也有较大影响。比如对普通消费者的研究，可能质化和量化的研究方法都可以使用，如果是对某些领域专家或某些特殊人群的研究，可能基本就以访谈法为主了。如果研究对象是组织机构或作为团体的人群，一个常用的研究方法是个案研究法。即将这些组织机构或团体作为一个整体进行研究。根据研究个案整体的特征和研究目的的不同，可以进一步选择具体的研究方法完成整体的研究。比如研究某媒体机构的运作模式,惯用的方法是参与观察法,在参与观察的同时,也可结合访谈法、调查法等研究方法完成整体研究。在这一点上,个案研究法与历史分析法类似,即在整体的研究方法的设定下,再进一步选择具体的研究方法加以实施。这里有一点需要注意,个案研究法与案例研究法两者是有区别的,不要混淆。个案研究实际上指的是对某个案例整体的深入的研究,往往结合使用其他的一种或多种研究方法。而案例研究通常是在阐述观点、理论或者现象时,通过列举案例的方法来论证说明。当然,在实际应用中两者的确有容易混淆的情况,但如果注意区分两者的使用情境,还是能够做出分辨的。对于个案研究法,在论文写作时要注意表述清楚,不要随意而为:一要注意与案例研究法区分,根据实际的研究描述所用的研究方法;二要注意陈述个案研究法的同时应该讲述清楚是用什么具体研究方法做的个案分析。

研究对象是选择研究方法时的重要考虑因素的一个例证是:俗民方法学或称常人方法学的研究方法是典型的依研究对象的特征而命名的方法。

"俗民方法学"一词是由社会学家葛芬柯(Harold Garfinkel)所创造的。他在名为《"俗民方法学"一词的起源》(The Origins of the Term "Ethnomethodology")的文章中说明了自己是如何创造出这个词的。

"俗民"(ethno)指的似乎就是一个在社会中拥有常识的成员,而他所处的社会是一个透过常识可以理解的地方。如果他是一个对植物感兴趣的俗民,那么他的知识必须足够应付社会成员们在植物环境上的需要。一个来自其他社会领域的人,例如一个人类学家,得以认出这是属于植物范畴的事,他会请这位对植物方面足够了解的俗民进入与他具备一样常识的成员群体,形成推论与行为的合适基础,指导他处理自己的事务。这就是俗民方法学的基本观点,也是这个词的意义。

书中提及,葛芬柯关于俗民方法学做了如下几点重要说明:

1. 俗民方法学的焦点针对人们在社会中的"常识性知识"。
2. 俗民方法学旨在研究人们推论的合理基础。
3. 俗民方法学关注的是一定环境中的人们与其他相类似的人们在群体

中所采取的行动。

  4.俗民方法学专注于日常生活的研究,这部分常被社会学家忽略。

  这一源于社会学的研究方法在新闻传播领域也有其应用价值,以广告为例,"广告人需要知道人们怎样理解世界,以及他们对于'常识'的感染力又是如何反应的。广告人需要接触特定族群并进一步影响他们,换句话说,广告人需要了解人们推理的理由。所以俗民方法学在电视与平面广告制作中,有着重要的用途"。借用俗民方法学"破解人们说话方式与日常行为背后所隐藏的符码(code),以及潜意识信仰系统"的研究范式,可以研究媒体中的文本,如电影与电视节目对白、歌词等,以及分析跨文化传播等传播活动。同样,当我们在进行俗民方法学研究时,我们无可避免地要辅以其他的研究方法,如观察法、访谈法、实验法,可能是某一种方法,也可能是两三种方法综合使用,如何使用这些研究方法则视研究的实际需要而定。

  有时研究者会关注自己做的研究是更偏理论化的,还是更偏实践性的,不同取向的研究也会影响到研究方法的选择。不过对于毕业论文的研究,笔者建议不必执着于关注研究的理论性,毕竟具备一定的理论性是较高的论文要求。毕业论文研究如果能够真正地回应社会实践中的问题,对论文的研究问题给出有价值的结论,那么是否有一定的理论性是尽力而为、顺其自然的事情,不必强求。毕业论文研究更有可能选择偏向实践性研究的问题,进行实证性研究,当确认这一点后,我们才会进一步探讨是要做量化的研究,还是要做质化的研究。这是选择研究方法的又一重要考虑因素。量化的研究方法和质化的研究方法,论证分析问题的方式不同,研究结论的有效性和代表性也不同,在执行和操作方式上也有很大区别,两者不是说孰优孰劣,而是说各有所长,常常能够形成互补。也因此当一项研究确定了以量化的内容分析或调查法为主要研究方法后,也可以再进一步探讨用一些质化的研究方法加以补充,特别是量化的内容分析常常需要质化的案例研究对量化研究结果加以阐释。同样地,以质化研究方法为主的一些研究也有可能需要量化的研究方法提供更为有力的论述证据。因此,在考虑采用量化还是质化的研究方法时,两类方法的综合使用常常成为恰当的选择:两类方法可以在不同层面相结合,可以是操作层面的综合利用,也可以是操作层面与方法论层面的结合;质化研究对过程性问题研究的优势,结合量化研究对结构性问题研究的特长,两者综合使用的研究结果可以互相佐证,更可以获得对研究对象更广泛的认识;引入量化研究可以解决质化研究结果的推广性问题,质化研究则有助于解释定量数据中变量之间的关系。

选择研究方法时,网络是一个不容忽视的影响因素,互联网、移动互联网普及的当下,几乎每一种研究方法都有相应的网络方式与之对应,这些网络方式可以提供便捷,节约时间和金钱成本,互联网的图义和超文本特征可以更好地展示研究内容,吸引人们参与。互联网的全球化特征,也使一些跨地域研究变得可行。因此各种网络调研方式已经被广泛使用,但有些情况下这些网络方式也给研究者带来了一些困扰,如何选用,不能一概而论。比如电子化的文献方便了我们查询,但也容易让我们遗漏一些没有上传于网络的资料,或者我们看原件的效果和看电子版的效果有可能是不一样的。网上大量的真伪难辨的资料也会给研究者带来困扰。如果是做历史研究的话,找到一级文献是相当重要的,这些文献有可能存在于网络,也可能不在。借助于网络的远程访谈,有可能遗漏受访者所处的环境信息和身体语言的捕捉,减弱询问者与受访者的互动。利用网络执行的问卷调查,不仅仅是问卷长度受到限制,数据的真实性不易把握,最大的问题是网络样本的偏差对研究有效性的影响。因此,笔者经常会提醒学生慎重使用网络调查法,明确反对学生做毕业论文研究时只是通过微信朋友圈发放问卷,因为用此方式得到的问卷对应的总体,一般情况下与要研究问题的总体谬以千里。

选择研究方法时,金钱和时间上的花费、自身的研究水平、研究实施的掌控能力等,这些都是不得不考虑的因素。当我们综合考虑了所有这些相关因素之后,研究设计的弹性对研究方法选择的影响就会显现出来,研究选题的张力越大,可供选择的研究方法就越多,越灵活。总之,我们不必追求选择完美的研究方法,因为很难做到,我们只需选择恰当可行的研究方法,以支持我们回答研究问题,得出最终的研究结论来实现研究目的。

二、研究选题与研究方法的关联

从研究方法各自的特点,可以看到在进行研究设计时要结合不同研究方法的适用性去选择应用什么样的研究方法。这启发我们更进一步地思考,是不是有些研究主题或者是研究内容会有一些相对固定的研究方法与它们相契合?回答是肯定的。以最基本的拉斯韦尔的传播模式为例,传播过程中不同的传播阶段或不同的传播要素,都会有主要的研究范畴与之相对应：

> 早期在传播方面的一个口语化模式是哈罗德·拉斯韦尔（Harold Lasswell）提出的（1948）：
> 谁（Who）
> 说了什么（Says What）
> 通过什么渠道（In Which Channel）
> 对谁说的（To Whom）
> 产生了什么效果（With What Effect）
> 拉斯韦尔的模式可普遍应用于大众传播，它意味着传送同一信息的渠道不止一种。"谁"提出了对信息的控制问题。"说了什么"是内容分析研究的主题。传播渠道是对媒介做分析研究。"对谁说的"是对接收者和受众的分析研究。信息散布研究和传播者可信度研究可视为效果研究。[①]

按照上述提示，我们可以大体勾勒出传播过程中的要素与研究方法的对应关系。如图4-1所示，"谁"提出了对信息的控制问题，传媒机构作为媒介内容产制的主体，也就成为对"谁"研究的主要对象，与之相对应的研究方法是个案研究。"说了什么"是内容分析研究的主题，对传播内容的研究本身就是内容分析作为研究方法的特长所在。传播渠道是对媒介做分析研究，由于传播渠道相当广泛，针对不同的传播媒介可以有对媒介的个案研究，也可以有对媒介的视听率研究等。"对谁说的"是对接收者和受众的分析研究，对受众的研究以调查法为首选，受众的生活形态、媒介接触习惯都可能成为研究内容，在应用调查法的同时也常常辅以定性的访谈法作为补充。信息散布研究和传播者可信度研究可视为效果研究，效果研究通常需要数据，其对应的研究方法是调查法和实验法。这里对以上种种不再进一步举例说明，原因在于相应的例子在已有的教科书中俯拾皆是。

在此回顾本书第二章列举的论文题目指向明确的几个毕业论文选题，对其中可能使用的研究方法加以探讨：

---

① 赛弗林,坦卡德. 传播理论、起源、方法与应用[M].郭镇之,等译.北京：华夏出版社,2000：46.

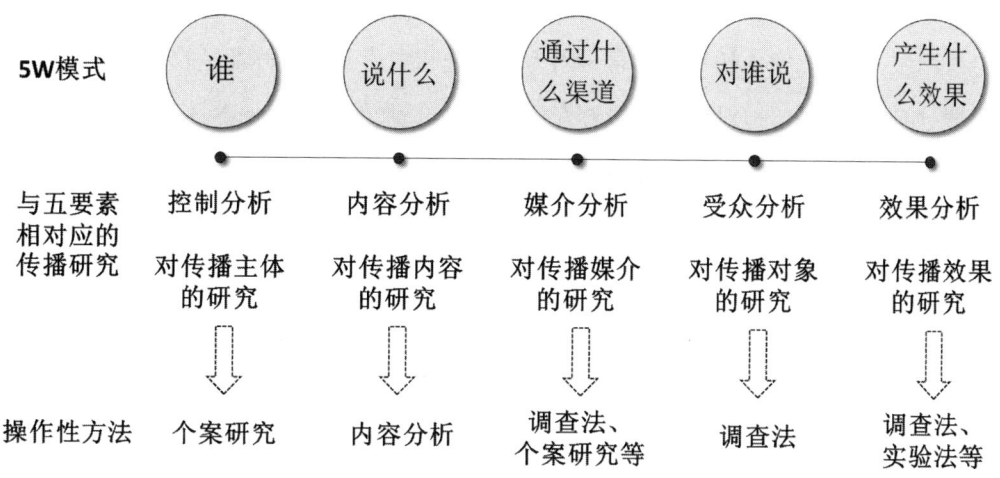

图 4-1 传播过程中的要素与研究方法的对应关系

好的论文题目应该能够让读者比较容易地辨认出研究的对象、研究的视角、研究的落点等。比如,《付费软件订阅制转型(SaaS 模式)对个人消费者付费意愿的影响研究》和《浅析 Sneaker 转卖平台营销模式对用户消费心理的影响》,这两个题目都指明了一定条件下的消费者为研究对象,对研究内容也有清晰的表述。《广告作品中"猫咪元素"的表达分析——以 ADGuide 广告案例库(2015 年—2019 年)为分析对象》和《我国高校招生宣传片的传播内容分析》则确认了以某种界定下的文本为研究对象,且指明了研究方法。《公益广告的罪恶感诉求研究——符号学视野下的内容分析》在指明研究方法的同时,对研究视角和研究落点都有明确的表述。《产品卷入度与广告主角的选择对微电影广告说服效果研究》《手机游戏社交裂变广告的感知价值研究》《国产品牌联名营销策略及效果研究——以喜茶为例》《家电类视频广告中的两性角色形象研究》的研究视角也都较为明确。《品牌联名营销效果研究——以 Nike 为例》和《浅析三星奥运营销策略及特点》则是研究落点清晰。

《付费软件订阅制转型(SaaS 模式)对个人消费者付费意愿的影响研究》和《浅析 Sneaker 转卖平台营销模式对用户消费心理的影响》,这两个题目都明确了一定限定条件下的消费者为研究对象,也就基本锁定了针对消费者进行研究的研究方法,可能的方法包括调查法、访谈法、实验法等。使用调查法是比较直接的想法,但如何找到所限定的消费者作为调查对象是难点，通常的解决办法是找到能够接触这些消费群体的平台或圈层，并以此为依托发放问卷。因为两个选题中所研究人群都是较为小众的消费人群，如果不加限定地对普通消费者发放问卷，只是在问卷中增加筛选条件，以寻找合适的调查对象，那调查实施的效率会很低。当无法找到适当的平台或圈层有效地发放问卷时，利用访谈法进行深度访谈也可以达成研究目的，因为研究者既然选择了这样的选题，一定是对选题涉及的问题有了解，对研究对象有一定的观察和接触，所以用滚雪球的方式找到一定数量的受访者是可以办到的。不过调查法和访谈法的研究重点有所区别，如果用调查法，会侧重于了解都有哪些方面的影响，影响程度如何；如果用访谈法，会侧重于探究可能有哪些方面的影响，以及相关的原因阐释。这两个选题中，一般情况下，前者用调查法相对更容易，因其以了解付费意愿为目的，付费软件的潜在消费者也可纳入研究范围，因此研究对象的限定相对宽泛。当然，比较完备的研究是调查法和访谈法两种方法综合使用，只是在篇幅上可能会大大超出本科毕业论文的要求，同时还要考虑两种方法应用时的主次之分。对于这两个选题，实验法也是可以用的，只不过对研究者的要求比较高，研究者需要事先找到关键的或重要的影响因素加以测量，这并不容易做到。至于研究对象的选择，则可参照调查法的方法寻找研究人群并进行随机抽样来安排实验组和对照组。

《广告作品中"猫咪元素"的表达分析——以 ADGuide 广告案例库（2015 年—2019 年）为分析对象》和《我国高校招生宣传片的传播内容分析》是典型的关于文本内容的研究，其隐含的研究方法可能是量化的内容分析法，也可能是符号学、修辞学视域下的文本分析的方法。前者限定了 5 年的时间跨度，可以算得上历时性的研究视角，后者隐含了我国不同类型高校的横向比较，当然也可以用案例分析法或个案研究的方式对其进行研究。事实上，如果将后者题目中的"传播内容分析"替换为"传播研究"或"传播效果研究"，研究对象没有变，但研究内涵发生了改变，"传播研究"涵盖了对文本、过程和受众的研究，"传播效果研究"侧重于对受众的研究和相关指标的分析。由此，研究方法有可能随之转变，由前述针对文本内容的研究方法转为应用于受众分析的调查法和访谈法等研究方法。可见，相同主题之下，研究方法的选择是依具体的研究问题和研究内容而定的，具体的研究指向锚定了使用的研究方法。以下的引言可以作为这一观点的补充给读者启发：

此外，正如我们不必将文本视为同质化的与封闭的事物，从而通过分析来揭示其中蕴含的歧义与多元声音一般，与受众打交道也不必然意味着将其视为自由的行动者，更无须对其观点表示支持或赞赏。受众分析与文本分析之间并不存在什么天壤之别，最关键的问题始终是理论视角的选择——只有确定了理论视角，才能相应地确定选择哪些受众或文本，以及如何对其展开分析。[①]

通俗地说，在确定了研究视角后，依照不同的研究侧重点，可以选择不同的研究路径：受众分析或文本分析，进而选择与之适配的研究方法。根据研究的需要，受众分析和文本分析两者也可以结合使用，那么相应的研究方法也可以综合在一起应用。

《公益广告的罪恶感诉求研究——符号学视野下的内容分析》的研究视角和研究方法已经在题目中指明，但即使是明确了要使用内容分析法，也还是有不同的分析思路，是单纯地使用内容分析法，还是结合案例分析，在使用内容分析法得出相应的数据分析结果后，对结果做进一步的说明和阐释。通常后一种情况能更完备地阐述研究结论，但前一种情况也时有发生，通常是在提出研究假设时有比较充分的论证，整体研究以验证假设为主体内容。

以上的案例说明，研究方法有时与研究选题或研究内容有天然的联系，但并不绝对，同样的选题，可以有多种研究方法的选择，研究者要根据实际的研究问题，选择恰当可行的研究方法。参照前述案例，如果将《产品卷入度与广告主角的选择对微电影广告说服效果研究》《手机游戏社交裂变广告的感知价值研究》《国产品牌联名营销策略及效果研究——以喜茶为例》和《家电类视频广告中的两性角色形象研究》这几个选题与常用的研究方法连连看，不知读者会做出什么样的选择，答案肯定不是唯一的，但读者也要思考一下笔者为什么会对上述四个论文题目依次给出随后的参考答案：实验法、调查法、案例研究+访谈法、内容分析法。

小 结

关于对研究方法的再认识概括来说应该有两点：一是不同的研究方法因本身的研

[①] 卡茨,彼得斯,利比斯,等.媒介研究经典文本解读[M].常江,译.北京：北京大学出版社,2011:42.

究对象不同,研究路径和研究工具等方面的不同,其适用范围也不尽相同。对研究方法可以从方法论层面,以理论为出发点去理解,比如符号学、修辞学、心理分析、历史分析;可以从方法的操作层面,以研究性质的质化和量化作区分,形成相对固定的访谈法和观察法等质化研究方法,以及调查法、内容分析法和实验法等量化研究方法;在分析层面,特别是与量化研究方法相对应的,是各类统计方法和分析应用软件。二是研究方法作为工具是为研究服务的,对于研究方法本身概念界定和分类,知其核心要义最为重要,至于其边界的划分,由于学科的区别,划分不一定边界清晰,加之学科的交叉融合导致学科本身发展变化,因此在学习和应用时不必太拘泥于某种研究方法的固有形式,应该学会灵活运用,集不同方法之长,避各类方法之短,根据研究的实际需要综合运用多种方法解决研究问题。

案例分析:方法恰当为好

案例论文的研究方法部分也是伴随着研究方法逐渐明晰,经过几次修改完成的,现在先将最终的定稿呈现于此,以展示研究方法应该详尽到何种程度。随后会探讨研究方法的形成过程以及有关编码的相关问题。

一、案例论文的研究方法表述

这里以案例论文中原有的结构呈现研究方法部分的内容,研究方法是绪论中的第五点,包含研究内容、研究对象、研究问题和研究实施四部分:

(五)研究方法

围绕"公益品牌传播的符号叙事"这一核心主题,本研究在符号学相关文献准备的基础上,综合运用内容分析法和文本分析法,聚焦研究 A 社区微信公众号的内容发布。实证研究大体分为两部分,第一部分对高阅读量文章(阅读量前 10%)及低阅读量文章(阅读量后 10%)进行对比分析,探究两类文章的差异点;第二部分从符号学视角,重点对阅读量、互动量高的文章进行文本分析。

1.研究内容

以 A 社区微信公众号的传播内容为研究对象,出于对比研究的目的,抽取该公众号 2018 年至 2021 年 11 月 29 日微信推文阅读量与点赞量总和的前10%和后10%文章,通过内容分析法研究该品牌微信公众号中的高、低阅读量文章内容类型、文本建构和意义生成等方面的差异。在内容分析的基础上,运用符号学相关理论对阅读量高的文章进行文本分析,从而探索影响公众号文章阅读量及互动量的因素以及高质量微信传播文本符号叙事的外延、内涵及传受双方的意义互动。

2.研究对象

A社区成立于2006年,以"每个孩子都有充满活力的未来"为目标,致力于为处境不利儿童提供安全、温暖的成长环境。根据儿童各发展阶段的特质,提供艺术、健康、安全课程,鼓励家庭、社区共同参与。积极开展亲子游戏、音乐律动、绘本阅读等亲子活动及音乐游戏小组、读书会等家长活动。

现阶段A社区的核心项目是A亲子园,该项目专注0-3岁婴幼儿早期发展,以亲子共同参与的形式开展课程及各项活动,引导家长掌握科学育儿方法,助推良好亲子关系的形成,保障儿童早期发展。

微信公众号是A社区公益传播的主阵地,积极的传播活动使其获得了越来越多的公众支持,从而帮助越来越多流动、留守儿童。A社区曾获得2012-2015年年度中国社会福利基金会优秀奖、2014年第三届中国公益慈善项目大奖实施类"百强项目"、2020年中国公益慈善项目大赛铜奖等奖项。2019年10月,A社区承办第二届千天计划中国儿童早期发展工作坊,和国内外专家学者及一线实践者们一同交流中国儿童早期发展现状与未来路径。近年来,A社区积极承办行业论坛,组织伙伴交流会与媒体研讨会,制定和推广《项目执行手册》《家长工作手册》,为行业提供了大量经验成果和实践产出。2020年以来,A社区更积极地在行业发声,提高知名度,得到了《公益时报》、澎湃新闻、《光明日报》等多家媒体的报道,申请并获得A亲子园项目海报进入北京地铁的机会,受益儿童的画作走进北京壹中心的慈善晚宴爱心拍卖。截至2021年6月,A社区与79个合作伙伴共同建立了105个落地项目点,累计服务了47287名受益人,还有573人从项目培训中走出,成为独当一面的亲子活动带领人,继续将儿童教育的火炬传向远方。

3.研究问题

本研究基于当前公益组织微信公众号传播的背景,以A社区为研究对象,围绕以下中心议题展开:以 A 社区为代表的公益组织在微信公众号中呈现出的是怎样的传播图景? 并进一步把该议题转化为如下四个具体问题:

(1) A 社区公众号高阅读量和低阅读量的文章具有哪些显著差异?

(2)高阅读量文章的内容、叙事等方面有什么外延意义和内涵意义?

(3)符号是如何在传受双方之间实现意义互动的?

(4)品牌符号在公益传播中如何表现? 受众是如何解读的?

4.研究实施

本研究结合量化和质化的研究方法,对阅读量前 10% 及后 10% 的文章进行内容分析并加以对比,再针对高互动量文章进行文本分析,探究其在公益传播过程中的符号叙事特点及效果,找到其广受好评的深层原因,深入理解传受双方符号的意义互动。

(1)内容分析法

目的抽样得到阅读量前 10% 及后 10% 的文章(共计 76 篇),对样本进行预分析,发现存在表层及深层因素导致文章阅读量和互动量的差异,从而确定该研究具有一定可行性和实践价值。

在编码表的制定上,笔者把基本项目、主题内容及符号学视角元素作为三类测量指标(具体指标类目详见附录二),对收集数据进行量化统计分析,结合皮尔斯、索绪尔符号学相关理论及 A 社区背景对文章内容的立场、表现等进行全面系统的判断描述。

为保证编码方案可靠,笔者利用 Kappa 信度进行检验,随机挑选样本总量的 10%(8 篇文章),由另一名编码员通过训练并阅读编码具体操作说明进行独立编码。总体可靠性系数 $K \approx 0.945$,符合一般认可的编码信度标准,且处于较好水平,编码可以接受。(具体信度表详见附录三)

(2)文本分析法

文本分析法是常用的质化研究方法,包含若干研究传统。其中符号学对于理解媒介文本的意义有其独特之处,因此本研究将以符号学为理论支撑,从 38 篇阅读量前 10% 的文章中进行目的抽样,选取《五彩拼图集结成功,快来 pick 你心中最绚丽的一块吧!》(后文简称"五彩拼图")、《A 亲子园合作伙伴开启招募!你是我们在等的那个一起"干大事"的人吗?》(后文简称"合作伙伴招募")、《再来一次,你会加入我们吗?｜A小测试》(后文简称"A小测试")3篇高互动量文章(互动量分别为283、181、498次),借助符号学能指和所指、纵聚合和横组合以及隐喻和转喻等理论对内容分析结论进一步研究。

上文中提及的附录二和附录三内容较多,且不展示亦不太影响阅读理解,因而在此不做摘录。

二、关于案例论文研究方法的探讨

毕业论文的研究方法不是仅仅依靠文献资料和对方法的理解就可以设计完备,通常需要在有较为清晰的构想之后,进行有针对性的探索,不断完善修正原有的研究方案。如上呈现的研究方法部分的内容无论是其中研究内容、研究对象,还是研究问题和研究实施,都是经过若干次修改才定型。这也充分说明了毕业论文不仅仅是写出来的,还是做出来的。以案例论文的研究实施为例,其中的研究方向、抽样方法等相关内容都经过了反复讨论。2021年11月29日,该同学给我发来文件,说明了她在做研究实施准备工作时遇到的一些问题。

先是整理公众号阅读量等数据时遇到的问题:

1. 微信公众号后台只有从2017年至今的数据,但是下载整理时发现数据比较凌乱。如:一天仅发送一条推送却出现了三个总数相近的阅读量。于是我找A社区品牌传播的负责人,得知A社区的微信公众号是从她接手后(2018年)才开始统计此类数据,所以我向她要到了2018年至今的微信推送数据,目前整理出的Excel表格是基于2018年1月1日—2021年11月29日的A社区361篇微信推送的数据进行的。选定这个时间范围ok吗?

2. A社区2018年至今共有微信推送361篇,如果取好评度(阅读量+在看量+点赞量+捐赠量)前5%及后5%的各18篇。在整理数据的时候发现,好评度排前的有很多篇招募志愿者和工作人员的文章,有点纠结需不需要剔除,但又觉得招募是公益品牌传播当中比较典型的一个环节,所以我就保留了,老师您觉得呢?

3. 在整理数据的时候我突然想明白了自己一开始为什么要选皮尔斯符

号学作为理论基础啦。我一开始想研究的是公益品牌传播里面,传播者对传播符号的最初理解(意向解释项)和受众对符号的最终理解(效力解释项)之间的差异。就是我想知道我在这个微信推送过程中进行的一些叙事、风格的融入或者一些细节刻画和观点的表达是不是能够传达给受众,哪些是我们之间的共同解释项,哪些符号比较不容易达成共识,受什么因素影响。

因为微信公众号运营是有一个传播手册的,就是对我们的语言风格、主题内容和排版等有一些规范和要求。而我作为传播者就对自己写文章时候的思路、目标群体、主题是比较清晰的,所以一开始是想做这样的一个研究。内容分析有两个编码员,我作为传播者是一个,再找一个公众号文章的受众来做编码员。深访就是针对受众方对文章各个向度的理解的研究。但是我感觉这个想法更偏重效果研究。

冒昧提出这个想法,想问问老师上述这个和您建议的阅读量前5%和后5%的对比哪个会比较好呢?

同时,她还附上了整理的68篇微信推文的Eecl文件,文件中罗列标注了推文的标题、推送类型、推送时间、阅读量、在看量、点赞量、捐赠量、总体好评度、推送位置、推送形式、推送链接。我跟她探讨了具体的研究指向、抽样数量等问题,当天的交流记录如下:

学生:老师早!我把文章的链接也放在Excel里面啦,您有空可以挑几篇看看哦~我稍微多整理了一些,辛苦您啦,谢谢老师!

老师:你这里边的问题,我觉得应该都不太成问题。你说的那个第三点比较重要,第三点你想说你是一个编码员,然后受众是一个编码员,我觉得你对编码的理解有误,不可能他按一个方式编码,你按一个方式编码,然后你去比较你们编码的区别。我们做内容分析,就是要有一个统一的编码,然后去分析若干情况,我觉得恰恰是前5%、后5%这样的对比,才能解决你要解决的问题。

公众号的编辑都按照这个手册来编写文章,就是在写文章的时候,都是想传达一些东西,通过一些规则来传达想传达的内容。但是到了读者那儿,他实际上就会有他的理解,他的理解就会转化成点赞。那为什么有的文章你其实是同样的写法,你写的时候不会想到说这篇文章我写好点儿,下篇文章我写差点儿,你是有一个初衷,但是受众理解的时候就会有差别,然后点赞、转发的情况就会不一样。那反过来,现在你要分析的就是效果好的文章写的时候和效果不好的文章写的时候有什么细微的差别,这不就解决了你想解决的这个问题吗?还有我觉得所有类型的文章,其实都应该包含进来,因为它就是一个变量指标,到时候就看看,比如那种招聘信息,很可能就是会转发比较多,就是因为这些信息和读者的相关性强,这个其实就是一种结论了。不光是这类信息,可能其他的只要和读者相关性强的信息,就都会转发多,这是很自然的。

然后再看你的文本本身,就是你写着写着可能有一篇一不小心多加了点儿感情,一下子转发量就上去了,或者说,哪个故事编得代入感强,当然代入感的评价也会有很多,然后转发量一下就上去了,你其实要分析的不就是这个吗?就是你传递是用统一的方式,但是读者理解不一样,那你反思你传递的时候,哪些信息效果好,哪些不好,其实你传递的时候是有差别的,然后,他们的理解也就会有差异。

那你说如果还想坚持原来的那个也没有问题,其实你把对比分析作为比较的话,你其实就可以去看一下,再加上深访,这个东西它是不矛盾的。我现在倒有一个建议,实际上各 18 篇稍微有点少,可不可以说前 10%,后 10%,这样的话容量就给它翻个倍,每种 30 多篇,假如说 30 多篇的话,那基本上就会是什么概念,就不是那种很小的样本了,就还算是比较大的一个样本了,那到时候做一些对比,就比较有说服力了。

你现在那个 Excel 表里整理的那些变量,其实到时候分析的时候也都会有用的,比如它是什么栏目,是什么条目,有没有图之类的,实际上,这些到时候都能够作为你第三点分析核心,那是你的核心,但是你不可能只说那么一个点,对吧?要说你那个问题其实特别好解决,就是你自己知道你怎么写这篇推文,然后你去深访就完了,就纯深访也可以,但是这个时候在方法上就要有另外的编码方式了,那它就不是内容分析了,而是以访谈为主,然后对访谈进行编码。

学生：嗯嗯我明白啦，谢谢老师指点！您一说我就发现在编码员这里自己理解错啦。我还是按照您建议的前后10%的样本去做内容分析吧，这样的话就一共是76篇文章。

老师：对，你整理完这些文章之后，你不是Excel里边都有这些基础数据了吗？其实可以先做一个分析看看，就是它如果外在的这些东西差异都很明显的话，它内在的东西一定也有差异。如果外在的东西差异看不出来的话，那我们就还得先小心地去看一下从里边我们到底能分析出什么东西来。我的直觉是可能内外都差异比较大，但是你们作为写的人，可能并不觉得。

学生：您说全部文章涵盖，转载的应该不算吧，就是把原创的都算进来就好了对吗？

老师：对，转载的不能算，因为转载的不是按你们的意图来写的，所以我们只弄原创。

学生：嗯嗯明白啦！我看这种外在的形式标题头图什么的觉得差异确实不太大，我再去对比一下几篇文章的内在，简单分析看看。

随后，该生选了几篇好评量前10%和后10%的推文进行了初步分析，2021年12月3日发给我，分析内容较长且属个例，在此不做呈现。以下是我们对此展开的讨论，其中提到的"猜测原因"是该生在分析时提出的说法。

学生：老师早呀，我选了几篇推送做了一下预分析，麻烦您有空的时候帮我看一看哦，谢谢老师~

老师：猜测原因的说法需斟酌，这点应该是通过你分析出来的结果再去阐述。另外，目前的文本如何编码？有了编码才好做内容分析。

学生：嗯嗯明白啦，我现在是初步看看估计一下能不能分析出东西来，感觉从内外来看确实像老师说的都可以的。猜测原因这个应该删掉吗？确实太主观，不过可以当作我自己看的。

文本的编码，我感觉可不可以按照基本类型和符号学的视角来划分两类呢，基本的可能就包括形式、版块(栏目)、头图、语言风格……

老师：猜测原因等你分析完再写，不是简单删掉，你的研究目的不就是找到这些原因吗？对，编码就按你现在的分析模块即可。

　　学生：嗯嗯，明白啦。其实符号学视角的编码我还没太想好。符号学视角的话就分为符号、对象、解释项；符号再分为文字、图像、声音、视频；对象分为物质和精神（这个没太想好）；解释项就分为直接解释项、动力解释项和最终解释项。

　　我暂时是这样想的，但是感觉哪里不对……我想再参考一下其他符号学论文的编码看看。我下一步的话是确定分析单位和编码表吗？

　　老师：我的建议是符号学视角不一定编码，研究可分两步，先做内容分析，有相应结果后再做符号学分析。当然，符号学视角中较易编码的部分可以编。

　　学生：嗯嗯明白啦，那我修改一下，然后写一个具体的编码表请您帮我看一下。

从上述讨论过程可见，学生做得越多越具体，老师给的建议才能越明晰，正是这样不断地做，不断地探讨，才能最终明确用什么样的研究方法，确定研究实施的具体步骤，才能够做出一篇合格的毕业论文。

三、案例论文编码的相关问题

　　从前述案例陈述可见，我的重点在于让读者看到教师如何引发学生思考，找到解决问题的方法和路径，而不是专门说明某个具体问题如何解决。这不光是由于前者更重要，也是囿于对于具体问题的解决读者需要了解所有的背景资料才能看得明白，如果把所有资料都呈现于此，必然会喧宾夺主，反而会削弱案例的实用价值。所以对有关编码的一些问题，在这里重点罗列我对学生的相关建议，供读者参考。2021年12月5日该生发来两个Excel文件，一个是A社区推文编码类目及说明，一个是A社区推文编码表。以下是我阅后的回复和我们的互动：

　　老师：现在这个编码，有些地方能不能判断出来？就比如说故事的起伏较大、比较平，这些是不是那么明显？对于不明显的，也许我们可以换一个视角，说它的叙事，比如说主人公之类的，要不然，就舍弃了都没有关系，因为我们后边还可以就着案例去说。就是我们编码一定得去编那些的确能显现出来的,就是比较直观的。

然后就是有些答案,恐怕你得让它们必须是互斥的,如果不互斥会比较麻烦。比如说文章的标题,编码分为四种:细节展示型、问句引导型、热点引入型、借喻悬念型。如果它有问号,又展现得很细致,以现在的方式就得给它归到问号那一类,那是不是需要在选项里就得加上两种情况都有的选项。

再有就是一个技术上的细节,就是你到时候都编完了之后,在每一个选项前边都加上序号,然后在二级选项下边,你也加上 A、B、C、D 或者是括号一、括号二,这样以后你录入的时候会比较方便。

还有,我建议你在这个表格每一行的最后一列都附一个案例,你这里已有编码说明说得的确已经很清楚了,其实就够了。但是,如果附上一个案例,一是对自己的提示会比较清楚,二是你现在的这个编码表,到时候肯定要放到论文当中作附录的,这样的话,也会比较充分地展示信息。同时,你做这个案例的时候,也会促使你去想,我这样的一个案例,是不是就只是适合编到这个编码中而不是其他地方。如果你发现找出来的案例很不好编,它在哪儿都可以,好像编一也行,编二也行,很不好识别,那这时候这个编码表就要重新去审视了。比如说头图,它有可能是原创的,它也是那个留守儿童的展示,那实际上头图你可能就得分两个编码,一个是人物和场景的编码,还有一个是否原创的编码,这样它就不会有那种交叉的情况。

也就是说你分类目,一个大的类目下,可能分成两个,再下一级的你可能又分,就是说让它每一个都是明晰的。你这个编码表包括标题,包括那些活动,可能都得大类之下再分小类,你每一个仔细地对照着案例看一下,可能都存在我刚刚说的这种问题。

学生:嗯嗯明白啦,那我先把案例举出来,再逐个类目去修改一下,谢谢老师~

像标题这种可以多选吗?这样就不用排列组合一堆了,抽样的文章在这几个标题类型里面重合的只是少数。

老师:多选,以后就不好分析。其实你可以这样,你考虑行不行,就是你所有的题大概都可以这样处理,比如说像标题就分为问句式和陈述式,然后,问句式之下有这三种形式,陈述式之下有这三种形式,你看看这样行不行。

学生:嗯嗯,明白啦,其他的也是先把第一大类互斥了,然后再分具体的小类。

关于编码我们还讨论了很多具体问题,这里限于篇幅不一一呈现。从上述内容可以看到在编码时有很多细节需要注意,编码表的设计是一个思考、尝试、再思考的过程,通过不断地修正臻于可行。至于其他研究方法中的调查问卷、访谈提纲等研究实施工具,也都不是仅仅依靠思考即可完成,都需要类似的探求过程。

思考与练习

1.阐述思考观察法和参与观察法的关系,阐述观察法的特点,举例说明参与观察法的适用情形。

2.思考文本分析法与内容分析法的主要区别是什么,内容分析法为什么属于定量研究方法。

3.查阅文献并结合自己感兴趣的选题设计研究方案,并指明研究方法且细化研究方法的操作流程。

4.对于本章第二节末尾的几个毕业论文选题,你会采用什么研究方法?对于教师在文中的建议,你有什么补充或问题?

第五章 质化研究的资料分析

▶要点提示

1.质化资料的特点
2.质化资料的分析思路
3.质化资料与量化资料的关系
4.扎根理论
5.质化资料的编码

毕业论文既要做又要写,做是基础,写是结果,从做到写,其中的资料分析是两者之间的桥梁。正如本教材强调研究方法在毕业论文中的重要地位一样,在写毕业论文时,如何将研究方法实施后收集到的研究资料形成有价值的文字,可谓重中之重。如前对研究方法的回顾,量化研究方法与质化研究方法在研究设计和实施等各个方面都有着很大的区别,在资料分析的思路和技术上更是大相径庭,因此对量化和质化两种不同类型资料的分析需要分别介绍。在下一章阐述量化研究的资料分析之前,本章先来阐述质化研究的资料分析如何做。

第一节 质化研究资料分析的要点

在研究方法的分类方式上,以所收集到的资料的特性,即资料是否具有量化特征来区分量化和质化研究方法是最常用的分类方式,其原因在于研究资料是否具有量化特征,一般而言比较显而易见:能够或者不能直接统计计量。质化研究依照不同的研究方法所获取的资料的形式尽管有所区别,但它们具有共同的特征,不易直接统计计量,以图像或文字等文本的方式呈现。这样的资料形式,意味着非标准化的分析方法,也因此,对质化研究方法而言,资料分析是其难点之一。

一、质化资料的分析与呈现

质化资料大多是文字的形式,但声音、图片、影像资料也不在少数。深度访谈或小组访谈的资料通常以文字为主,但也有可能汇集一些声音、照片等图像资料;观察法的资料形式往往较为多样,影像资料、录音资料和文字记录都有可能是主要的资料形式;至于文本分析,更是依据分析文本的各种形态而有不同的研究资料形式。资料形式不同,分析方法也不尽相同,因此有必要分述之。

纯文字的资料,通常借助编码或直接阅读文本进行分析,分析结果主要以文本方式呈现,其中的主要概念、分析过程、分析结论等在论文的正文中体现,分析过程中用到的原始资料、编码过程中的编码表等需要在论文附录中呈现,以提供完整的研究证据。声音资料以来源和分析方式区分可归为两类,一类是访谈录音,其中的分析重点是访谈内容,因此通常将其转录为文字,进而对文字进行分析;另外一类是以声音为主体的研究资料,如歌曲、音乐、影音资料中的声音等,此时对声音资料的分析重点是声音本身,因此需要直接对声音本身加以解读阐释,并以文字记录分析结果。当声音资料兼具以上两种特点和分析需要时,两种分析方法结合使用就成为必然。图片资料的分析常常需要结合直观的观察用文字对图片进行解读,分析过程中一般要对图片进行编码和备注。影像资料的分析与图片分析最为相近,但因其动态特性且往往是声音、影像和文字的复合形态而更具复杂性,因此分析难度有所增加。进行影像资料分析时,一方面要能够把影像资料的主要内容呈现出来,在论文中通常用截图的方式达到此目的,另一方面,则是对影像资料做出清晰的描述,以至于如果没有图像,读者也能够知道影像的主要内容,影像的拍摄和发布时间、在资料中的编码、作者等基本信息都应该清晰地呈现出来。如果相关内容比较多,可以用附录的形式加以呈现。事实上,很多研究资料兼有文字、声音、图像,对这类资料的分析往往需要结合资料的不同形态一起进行,即应用多模态分析方法——同时分析研究资料中两种以上形态的文本。

文献资料同质化研究获得的资料在形式上是同类的,因此以下关于文献资料引文的写作要求,同样适用于质化研究资料的分析结果的呈现:

> 尽管多句引用或引语段落的运用可以避免方法论和道德方面的隐患,但也要拒绝其诱惑,尽量不使用。基本上,在文学批判领域,偶尔在古代史研究方面,正规的行文方式是以引用一段很长的原始文献篇章作为引语段落开端,然后以分析此引语段为正文内容。如果你的导师或学科训练坚持此写作方法,你只能别无选择地遵循,但是我依然建议你在书写解读性段落的时候假装引语段落并不存在。这则建议也适用于你分析视觉图像,像建筑、雕塑、绘画、照片、动画,当然还包括影音图像之时。用词丰富、栩栩如生地以文字描述图像——仅把实际图像当作额外的补充。这样一来,就算出版商因为空间或版权的原因,不准你在文章中附加图像,你的文章依然完整。①

在本科毕业论文写作中用到的质化资料的形式以深度访谈资料为代表的文字形式居多,对于深度访谈资料的分析结果的呈现一般是采用夹叙夹议的方式,即边归纳总结边提出证据——被访者对相关问题的陈述。作为研究证据,被访者的陈述可以被转述,也可以被直接引用。以下例子截取自《2012IMI 90后大学生网络化生活研究报告》②,在关于"个性"的一部分讨论中包含了常用的几种方式:在段落中引用,对引用的陈述加引号,如第一自然段的引号部分;简要转述后,另起一段,直接引用陈述文字,对引用文字加引号,如第二到第五自然段;概括评述后,另起段落,将采访者和受访者的一问一答直接呈现以还原采访时的语境,如第六自然段至末尾。

> 除此之外,还有一部分90后大学生也把"个性"理解成为性格上的差异。如上海肖同学认为:"我最大的个性就是没有什么耐性。"
> 北京孟同学,性格开朗,说话语速比较快,爱逛街。她喜欢自己被称为90后,可以显得年轻一些。孟同学觉得自己不是一个追求时尚的人,但是还算有个性。

---

① 查普曼.人文与社会科学学术论文写作指南[M].桑凯莉,译.北京:北京大学出版社,2012:48.
② 黄升民,丁俊杰,黄京华,等.2012IMI 90后大学生网络化生活研究报告[M].北京:中国广播电视出版社,2012:46-47.

"我不喜欢做的事情就不会去做,我会表现得比较明显。"

另外,她还描述一个同学的经历,孟同学认为"脾气暴躁"是这位同学的一种个性。

"我有一个同学去肯德基、麦当劳买东西,如果人家说五毛钱没有了,他会问为什么没有,就会跟人家吵,我就不会。我可能去买点别的,或者是怎么样的,去换一换,或者我去换一换,我都可以接受。他可能就是个性比较强,有点尖锐。"

上海周同学,1991年出生,偶像是乔布斯。周同学对自己的生活有着合理的安排,对未来有着清晰的规划,目前的计划是考金融专业的研究生,长期的打算是做一名投资顾问,为此他经常阅读相关书籍,并且每天坚持在图书馆自习。

采访者:你觉得自己是一个有个性的人吗?

被访者:我觉得每个人都有自己的个性。

采访者:那你觉得你和其他人不一样的地方是什么呢?

被访者:我觉得我这个人比较沉得住气,而且目标比较明确,看书也看得进去。

例子中后两种情况的引文为了区别于正文,在原文中以不同字体表示,在这里以斜体字表示,以示区分。

以上的阐述和例子说明,无论何种形态的质化研究资料的分析,大体上还要落实于文字,而文字的表达形式根据需要有不同的选择,在将分析结果付诸文字时,原始的质化研究资料应该起到佐证的作用,因此应该在行文当中有所呈现。质化研究资料的显在化呈现是质化研究方法在论文中显在化的重要方式,起到增强论文可信性的作用。

二、几组关系的说明

在进行质化研究资料的分析时,因其资料来源、内容和形式的多样性,使得对研究资料分析的思路和方法有很大的弹性,因而产生了一些容易困扰研究者的问题,在此有必要对其进行探讨,以下通过对几对既高度相关又有所区别的概念加以讨论来达成此目的。

(一)文献资料和访谈资料

文献资料和访谈资料能够放在一起来比较是因为对它们的分析整理在方法上和思路上都有很多共同之处。它们的共同之处在于都是文本形式的内容,都需要根据文本本身去梳理出清晰的脉络或发现结论。两者的区别在于,文献资料的梳理有比较明确的框架,即研究者在梳理文献资料的时候,重点是去寻找它的研究主题和研究方法,以及研究结论。在整理分析时有很清晰的目标,基本可以按照研究关键词、作者、研究机构,以及研究方法和研究结论等方面做出归纳和总结。但是访谈资料不一样,访谈是社会互动的产物,访谈的目的在于探寻研究者未知的事物或观念,尽管访谈资料是在一定的访问提纲下形成的,有一定的结构框架,但访谈资料的内容中所蕴含的有关研究问题的价值和意义需要研究者去发现。研究者要去发现研究者不太知道或者是了解得不太清晰的一些事物或观念,所以他要从访谈的资料当中去发现有价值的信息,那么这些内容虽然有一个很宽泛的问题的框架,但是研究者在分析这些内容时是没有明确限定的框架的,这既是访谈资料更难分析的地方,也是它的应用价值所在。

小组访谈和深度访谈资料的分析方式貌似雷同,却也有一些明确的区别。小组访谈在样本的选取和执行的方式中就已经隐含了在同一个小组之内的人是比较同质化的,是被看作一个整体的,所以在分析的时候往往是以探求某一群体的特性为出发点,因此虽然在分析时也是以每一个访谈个体为分析对象,但是分析结论是对访谈小组整体做出的,比如说中老年组、青年组在所研究问题上有什么样的行为、持什么样的态度等,即小组访谈的分析单元是以小组为单位的。深度访谈的访问通常是一对一进行的,被访者的访谈资料也是单独归档,分析时是在对每一个单一个体进行充分的分析后,对所有个体的共性和差异进行比较、归纳和总结。分析过程中,对每一个个体访谈资料的分析都有可能贡献出独特的价值。深度访谈的分析单元是被访者个体。所以,两种资料的分析过程会有一定的差别,小组访谈资料的分析是基于对小组中每一个个体资料的分析,然后汇总每一个访谈小组人群的相应结论,最后再形成整体的研究结论。深度访谈资料的分析是基于对每一个深访样本个体资料的分析,然后逐一比较分析,形成整体性研究结论。

从上述阐述来看,三者当中,文献资料的分析方法与深度访谈资料的分析方法更为类似。

(二)访谈资料的描述分析和数据统计

对于访谈资料的分析,无论是依据某种理论结合对访谈资料的分析得出研究结论,还是只是对访谈资料本身进行分析进而得出研究结论,较为常见的情形都是用文字描述现象,阐述分析过程,阐释研究发现。总之,质化资料分析结果的呈现主要诉之于文字。不过在对访谈资料的整理分析过程中也常常会用到数据统计,这是因为在整理访谈资料时,常常需要对其进行分类或编码,而对这些分类或编码的结果进行分析时,必然要做出数据统计。有一种对这些分析结果的表述方式是笔者不提倡的,即用"大多数""少数""有些"等大约的数据表述方式呈现分析结果。那样表达的理由在于:质化研究的重点是"有什么样的行为或观念",而不在于"有多少或多大比例"。这个理由本身没有问题,但一项研究结果的呈现应该尽可能完备清晰,如果能够给出"10个人中有8个人赞同某观点"的信息,自然是比"大多数人赞成某观点"更为直观明确。要注意,这里的"10个人中有8个人赞同某观点"绝不等同于"80%的人赞同某观点",所以对访谈资料进行的数据统计及数据表达应在尽可能完备清晰呈现相关信息的同时,务必避免对读者产生量化测量的误导。对样本量较小的质化研究资料的分析不使用百分比表达数据是避免误导的基本原则。

简而言之,质化资料中有一些用数据表达的方式能够呈现更为完备准确的信息时,应该用恰当的方式来表达相关的信息。

90后不是统一型号的"社会产品",持此看法的被访者不止以上几位,可以说"有个性"是90后最突出的特征,50位参与深度访谈的90后大学生中,有14人直接为90后群体贴上"有个性"的标签。90后的个性要从两个层面去解读,与其他几代人相比,90后的个性是突出的、鲜活的;而从每个个体去看,90后的个性是多元的、差异化的。在群体内部处处彰显着不同个性的张力,这就是90后最大的个性。所谓"有个性",不仅是指90后群体由内而外都散发着与众不同的特质,也意味着找一个具有普世价值的标签来概括这个群体的难度系数极高。更为复杂的是,90后大学生对"个性"的认识还存在些许差异。

有 5 位被访者认为个性是人们在语言、行为、性格、思想、气质、衣着等方面表现出的特质,因此,世界上不存在没有个性的人……①

上述引文中 50 位中的 14 位,5 位被访者,这样的表述能够使读者对于 90 后大学生对个性认知的程度形成概念。但在同一份报告中,也不乏"一部分"或"有某某情况"的说法,因为在进行质化资料分析时,面对繁杂庞大的文本,在审慎阅读分析的基础上,也必须有所取舍,不必对所有信息都完备展现。因此,要不要对相应的数据信息作细致呈现,取决于研究者的判断。

(三) 不同类型质化资料的编码

深度访谈资料的整理分析过程中,资料的分类整理编码是其中的重要环节,其具体的操作方式虽有一定的方法可遵循,但针对不同的研究课题,方法的使用可以有多种情形。编码作为重要的程序和工具,在不同的语境下含义不尽相同。编码的基本目的和用途是分类,在讨论质化资料的编码前,我们可以先回顾一下量化研究中的一些工具,问卷调查中的问卷,以及内容分析中的编码表。设计问卷时,问卷中每一个问题之下的选项就是一种编码,即把一类情况归结为一个答案,并赋予编号;内容分析编码表的设定是依据同样的想法,赋予每一个分析项目下的不同类别不同的编号。问卷调查和内容分析两种研究方法的研究对象和操作方式不一样,但其问卷设计和编码表的设计具有共通之处,即对明显的能够分类的事物进行编号。不过问卷中还有一类问题,叫做开放性问题,即只提出问题,不提供选项,受访者根据自己对问题的理解,自由回答。受访者对问卷中开放性问题的填答资料,在分析时有时也需要进行编码加以分类,此时的编码不同于前述对明显能够分类的事物进行编号,需要像分析深度访谈资料那样,经过深入分析之后再对资料进行编码。

整理文献资料时通常要对文献的文档、图片等进行编号,便于归档查询。所做的这些工作都可称为编码,相对来说,这些编码基本上都是对显而易见的特征进行编码。

对于质化研究资料的编码,有可能进行较为简单的编码,比如访谈资料中的一些

---

① 黄升民,丁俊杰,黄京华,等.2012IMI 90 后大学生网络化生活研究报告[M].北京:中国广播电视出版社,2012:44.

关于事实性问题的明确的答案,像赞同或不赞同之类的。但更多的是需要依据研究者对访谈资料的共性或内涵做出的判断进行编码,而这些编码有可能只以分类为目标,也有可能以分类为基础,探求研究发现。

概言之,访谈资料的分析,文献资料的梳理都有可能用到编码,不过编码的细致程度和系统性并没有统一要求。分析目的不同,编码的方式也会有所不同,如果研究本身以扎根理论(grounded theory)为范式,其中的编码要求就会相对严格。下节会对扎根理论加以介绍,以利于读者了解系统严格的编码如何做,并就此圈定质化资料编码弹性空间的范畴。

第二节 典型范式:扎根理论

理论和观察是涉及研究的两个基本概念,用之于研究有两种情形:一种是用理论阐释观察到的现象,另一种是由观察到的现象归纳出理论。扎根理论属于后者。对于本科生的毕业论文,后者的难度系数远大于前者,指导教师通常不会鼓励学生使用这一方法。但由于扎根理论的研究思路对质化资料的分析有很强的借鉴意义和指导价值,因此有必要对其进行一定的介绍,使学生了解其中的操作方式,在分析质化研究资料时加以参照。以下是对扎根理论的概括性介绍。

一、什么是扎根理论

关于扎根理论早有一些学者做了清晰的介绍和阐释。扎根理论并不如其字面中的"理论"所示,是某种理论,而是一种研究方式,其重点是将分析资料的过程系统化,并以生发理论为目标。

> 在质的研究(qualitative research)领域,一个十分著名的方法是格拉斯(Glaser)和斯特劳斯(Strauss)提出的"扎根理论"(1967)。扎根理论是一种作质化研究的方式,其宗旨是在经验资料的基础上建立理论(Strauss,1987:5)。研究者在研究开始之前一般没有理论设定,而是直接从实际观察入手,

从原始资料中归纳出经验,然后上升到理论。这是一种从下往上建立实质理论的方法,即在系统收集资料的基础上寻找反映社会现象的核心概念,然后通过这些概念之间的联系建构相关的社会理论。扎根理论一定要有经验证据的支持,但是它的主要特点不在其经验性,而在于它从经验事实中抽象出了新的概念和思想。在哲学思想上,扎根理论方法基于后实证主义的范式,强调对目前已经建构的理论进行证伪。①

扎根理论是一种研究路径,而不是一种实体的"理论"。其要义可以总结为:研究的目的是生成理论,而理论必须来自经验资料(empirical data);研究是一个针对现象系统地收集和分析资料,从资料中发现、发展和检验理论的过程;研究结果是对现实的理论呈现;通过系统的资料收集和分析程序而发现的理论被称为扎根理论。扎根理论研究者喜欢分析胜过描述,喜欢新鲜的概念类属(category,即在一个更抽象层次上组合起来的概念群)胜过预先设定的观点,喜欢系统聚焦的、连续收集的资料胜过大量同时收集的资料。②

二、扎根理论的实操要求和步骤

陈向明在《扎根理论在中国教育研究中的运用探索》③中罗列了扎根理论的实操要求和步骤。

扎根理论研究的实践有如下要求:1.资料收集、资料分析和理论生成同时进行;2.从经验资料而不是从预想的、逻辑演绎的假设中形成代码(code)和类属;3.保持理论敏感性,对事件与概念以及概念与概念的关系不断提问、比较;4.为了理论生成的目的进行抽样,抽样的单位是概念,而不是人、地点或事件,不必按照人口学变量进行抽样;5.类属需要达到理论性饱和,即属性基本齐全,再收集资料会出现重复;6.研究伊始尽量不要带有前设,在形成独立的结论之前,不要阅读本实质领域的文献;7.通过编码、写备忘录和画图表

---

① 陈向明.扎根理论的思路和方法[J].教育研究与实验,1999(4):58.
② 陈向明.扎根理论在中国教育研究中的运用探索[J].北大教育评论,2015,13(1):3.
③ 陈向明.扎根理论在中国教育研究中的运用探索[J].北大教育评论,2015,13(1):4.

来完善类属和类属之间的关系,形成初步假设,最后进行理论整合(integration)。

如上,扎根理论研究的要求和步骤强调了几个方面:一是资料收集是基础,研究依据对所收集资料的分析展开。资料收集不仅仅是在研究初期进行,它贯穿了整体的研究,在研究后期它与资料分析、理论生成同时或交替进行。二是研究目的是建构理论,这是扎根理论与一般质化研究的本质区别。"通常,质的研究者比较擅长对研究的现象进行细密的描述性分析,而对理论建构不是特别敏感,也不是特别有兴趣。扎根理论出于自己的特殊关怀,认为理论比纯粹的描述具有更强的解释力度,因此强调研究者对理论保持敏感。"[①]三是扎根理论强调研究过程及其显在化呈现。扎根理论研究在抽样和访谈的实施方面遵循理论性饱和的明确要求,一篇扎根理论研究的论文,需要把资料收集过程、抽样过程、编码过程、分析过程完整详尽地呈现,如此做的目的是提供研究结论形成的充分证据,这点对于理论建构而言是必须的。

三、扎根理论的编码

本教材之所以对扎根理论加以介绍,主要目的就在于让读者了解到质化研究资料的编码可以做到何种程度。扎根理论的编码方式不同于之前所介绍的质化资料的一般编码方式,它是更为深化、更为系统、更有指向性的操作过程。以下摘录陈向明《扎根理论在中国教育研究中的运用探索》[②]中对扎根理论编码的综述,使读者对扎根理论的编码有一概略了解。

> 扎根理论中的"编码"指的是,通过将事件与事件、事件与概念、概念与概念进行连续比较,对资料进行概念化,以形成类属及其属性(property,即类属的性质和特点)。由于研究旨趣不同,格拉斯与施特劳斯的编码方式有所不同:前者只有两级,即开放编码和选择编码;后者有三级,即开放编码、轴心编码、选择编码。施特劳斯的质性研究背景使他以资料分析过程为重,他认

---

① 陈向明.扎根理论的思路和方法[J].教育研究与实验,1999(4):59.
② 陈向明.扎根理论在中国教育研究中的运用探索[J].北大教育评论,2015,13(1):4-6.

为诠释资料本身才是研究的主要目标。而格拉斯认为施特劳斯的分析过于破碎、散漫,而且预设了编码类型。定量研究的背景使他致力于发展形式理论,追求理论表述的简洁、应用范围的广泛。

在开放编码中,研究者需要悬置前设,凭着理论敏感性去开放性地挑选资料,将资料掰开,检视,比较,概念化,类属化。代码可以是被研究者使用的鲜活的本土概念(in vivo code),也可以是能够表达资料内容的学术概念,即可以结合文化主位与文化客位的视角。施特劳斯还提出了一些比较资料的方法,如丢铜板(flip-flop),即想象一个概念的极端反例以刺激思考;极远比较(far-out comparison),即找一个与本领域完全不相关的领域进行比较,然后回到资料获得新的感悟;摇红旗(waving the red flag),即始终对字词和片语保持怀疑,进行深入检视。

施特劳斯的轴心编码是在开放编码的基础上,形成类属、属性和维度(dimension,即属性在一个连续统,如强度、频率上的定位),发展并检验各类属之间的关系。在此阶段,施特劳斯还提出了一个编码范式模式(coding paradigm model),将不同类属按照事情发展的通常顺序联结起来:(A)因果关系——(B)现象——(C)情境——(D)中介条件——(E)行动/互动策略——(F)结果。

选择编码即在所有类属中选择一个核心类属(core category),其他类属则成为支援类属(subsidiary category),然后通过一个整合图式(integrating scheme)或故事线(story line),将各种理论要素(类属、属性、假设)整合起来。核心类属指的是,能够将所有其他类属整合入内的中心概念,在资料中频繁出现,很容易与其他类属相联系,能够包容最大限度的变异,而且有发展为扎根理论的潜能。

除了三级编码,施特劳斯还提出了一个"条件/结果矩阵",意在区分并联结条件和结果的各种层次,如个体行动、人际互动、组织、社区、国家、国际等。这些层次表现为一个同心圆,个体行动的原始资料被概念化之后,被置于一层层相互影响的行动系统中。如此,分析就不只是停留在微观层次,而且兼顾了各类中观和宏观条件。

由于学界对扎根理论研究提出了过于技术化、过于"后实证主义"的批评,1996年施特劳斯去世之后,科尔宾对她与施特劳斯合著的《质性研究的基础》进行了三次修订。受到建构主义和后现代思潮的影响,她在2008年出版的第三版中,除了在章节开篇时保留了三级编码的概念定义,正文中不再涉及具体编码的程序和技术,取而代之的是一系列灵活、多样的备忘录和概念图。这些备忘录和概念图呈现了作者从事的一项对美国越战老兵的研究过程,包括形成概念、将情境和过程纳入分析、整合理论要素等。这不禁让我们思考:三级编码是必需的吗?在我看来,分析的上限是无止境的,重要的是研究是否在资料的基础上提出了新颖的理论,理论是否能够有效地解释研究现象。

在很多介绍扎根理论的教材或文章当中,都有结合案例说明扎根理论的编码方式,在此不摘录这些案例的原因在于,每一个扎根理论的应用案例线索和脉络都较为冗长,简短的摘录无法体现其要义,索性不做。感兴趣的读者可自行学习。至此,我们已经了解了扎根理论是怎么一回事,它也只是分析和呈现质化资料的方式之一。对于研究者,既可以以它为范式,按部就班地进行研究,也可以借鉴其编码思路在进行质化资料分析时更为系统化,还可以借鉴其整体的以生成理论为目标的研究思路。总之,对于扎根理论的学习和应用,不必教条,扎根理论对质化研究资料的分析具有极大的启发和借鉴意义,这也是本教材概述相关内容的原因所在。

第三节　质性资料分析软件

计算机技术的发展不仅为量化研究资料的分析提供了有力的工具,对于质化资料的分析也发展出了不同类型的分析软件,这类软件统称为计算机辅助定性数据分析软件(CAODAS,Computer Assisted Qualitative Data Analysis Software)。这类软件有免费和商用之分,但不论哪种情形都需要专门的学习,在此只做简单的引介,为读者进一步的深入学习做引导。

一、质性资料分析软件简介

从20世纪80年代以来,质性分析过程的数字化和计算机化逐渐成为一个不可逆转的大趋势。据不完全统计,目前已有40多种质性分析软件,主要由美、英、德等国的公司或机构研发。质性分析软件是指专门以质性研究流派的方式来处理质性资料数据的计算机程序,其功能主要有编码、检索、创建索引、建立关系规则、构建模式或理论、绘制网络构图、初步统计分析等,能有效减轻质性研究者资料查阅、整理和手工编码的负担。①

关于质性资料分析软件,有一些学者从不同的角度做过介绍,并总结了质性资料分析软件的优势和不足。如夏传玲在《计算机辅助的定性分析方法》②中指出定性研究的主要发展趋势之一是计算机辅助定性数据分析软件的大量涌现,提高了定性研究的效率。

> 这种发展趋势与定性研究者的理论取向无关,不管其理论立场是实证主义、符号互动论,还是本土方法论,有些定性研究者在自己的研究中,开始采用计算机来辅助定性资料的分析过程……这些定性分析的辅助系统,不仅使得研究者从处理大量文字材料的繁复劳动中解放出来,而且能够让研究者共享他们各自分析的细节,从而改变了定性研究的流程和研究集体之间的合作方式。同时,由于采用数据库结构,定性资料的管理也更加方便,这就为组织大型定性研究项目(包括多个研究地点、多个研究对象、历时的定性研究)提供了新的可能性。

简言之,借助于计算机,定性研究者可能获得以下优势:(1)更容易发现纷繁的定性材料中的隐含模式。程序中的复杂检索功能可以帮助研究者发现定性资料中的潜在模式,尽管它不能替代研究者去阐释这些模式的理论和现实意义。(2)更清晰地界定概念。发现概念原型以及概念之间的关系是计算机所无法替代的,但是管理这些范畴、概念,以及概念和原始资料之间的

---

① 黄晓斌,梁辰.质性分析工具在情报学中的应用[J].图书情报知识,2014(5):5-10.
② 夏传玲.计算机辅助的定性分析方法[J].社会学研究,2007(5):149-160.

联系,概念和概念之间的联系则是计算机程序的长处。(3)展现概念之间的关系。定性分析辅助软件对概念网络的图示功能可以把代码之间的关系以图形表示出来,从而让研究者或者读者直观地把握研究的理论模型。

定性分析软件在提高资料分析的效率和深度的同时,也带来一些问题,例如,把定性分析转换为定量分析的诱惑,对定性资料的时间方面和语言方面分析上的困难,没有其他选项等(Fielding & Lee,1998)。而且,定性分析软件也容易使定性资料失去语境,通过把大量资料肢解成不同的段落,并把这些段落及其代码关联起来,失落诠释这些段落的总体参照系的可能性就更大了(Fzzy,2002)。计算机辅助的定性分析的第二个弱点是把数据和分析隔离。有时候研究者只能采取一种"率直归纳法"的态度,对于定性资料,不是采取一种文化和理论的取向,而是采取一个经验取向,形成的理论概念(代码)和日常语言之间没有多大差别(Car mel,1999;Ezzy,2002)。最后计算机辅助的定性分析还容易使研究者产生一种对技术的盲从态度,以为计算机可以替代人们的思维,从而产生误用。

通过对上述质性分析软件的了解,我们应该能够达成如下认识:定性分析软件的发展和应用已变得较为普遍,它对质化研究资料分析效率的提升毋庸置疑,但在应用时,作为研究者应该铭记于心的是,要用其所长,避其所短,恰当正确地应用这一有力工具。

二、典型的质性研究软件

质性分析软件发展至今已形成一定的规模,黄晓斌等在《质性分析工具在情报学中的应用》[①]一文中对其中较为典型的软件进行了介绍和比较,简介如下:

1.Nvivo:Nvivo 是澳大利亚 QSR 公司开发的定性分析软件,其名称意指自由自在地对非数值、非结构化数据进行标引、检索和理论化。Nvivo 最大的优势在于其强大的编码功能,其支持预建式和归纳式两种建立编码方式。

[①] 黄晓斌,梁辰.质性分析工具在情报学中的应用[J].图书情报知识,2014(5):5-10.

2.ATLAS.ti：ATLAS.ti 的雏形诞生于德国柏林科技大学在 1989 到 1992 年间开展的一项跨学科研究项目。1993 年开始商业化，并提供无使用时间限制但有功能限制的免费试用版。ATLAS.ti 是一款文件兼容性、软件操作友好性较高的软件，其支持各种文本、图像、音频和视频等文件，其中包括动态网页链接、内嵌式对象等非静态文件甚至是谷歌地球及其快照等数据，提供文件关联文档功能以实现多媒体文件和文本文件的同步。

3.QDA Miner：QDA Miner 是由 Provalis Research 公司开发的一个融合质性文本和定量数据分析方法的质性数据分析软件，它包含了定量内容分析、文本挖掘的 WordStat 组件和用于统计分析的 Simstat 组件。基于混合研究软件的定位，QDA Miner 非常适用于定量数据和质性文本庞杂的研究项目，它不仅能导入多种数据格式的定量或质性数据，还可导入其他质性分析软件如 Nvivo、ATLAS.ti、HyperResearch 等软件的项目文件。

4.Qualrus：Qualrus 是一个由 Idea Works 公司开发并由美国著名芝加哥学派社会学家 Howard Becke 负责指导的计算机辅助数据分析软件。Qualrus 支持的数据格式类型不如 Nvivo 和 ATLAS.ti 等主流质性研究软件多，它基本支持常用的几种视频、网页、图像、音频、文本格式资料的导入。Qualrus 自称新一代质性研究软件，其编码功能特点有：支持人工智能辅助、提供提示性编码等。

5.RQDA：RQDA(R-Qualitative Data Analysis) 由香港城市大学公共与社会行政系黄荣贵博士研发，是一个基于 R 语言环境的、辅助研究者进行文本处理分析工作的质性研究工具，其中文兼容性极好。虽然与其他几款商业质性分析软件相比，RQDA 小巧很多，但其也包含了标准的 CAQDA(Computer-Aided Qualitative Data Analysis) 的功能如编码、类目构建、项目管理。

以上软件工作原理和应用方向各有不同，但整体的设计思路有共通之处。在此仅以 Nvivo 为例说明其工作原理，内容同样摘录自黄晓斌等的《质性分析工具在情报学中的应用》[①]：

---

① 黄晓斌,梁辰.质性分析工具在情报学中的应用[J].图书情报知识,2014(5):6.

Nvivo 主要是通过节点来容纳编码、相关材料及其来源,其节点类型有以下四类:①自由节点,通常直接从文本中快速建立的编码都包含在自由节点内,节点之间还没有建立概念上的关联;②树状节点,可通过鼠标拖拉建立节点彼此上下的阶层关系,使自由节点成为树状节点;③案例节点,可为受访者、组织、产品等实体建立案例节点,借助一套属性集来描述实体特征,并可通过案例册(Case Book)工具查看案例及其属性概况;④关系:呈现项目中任两个对象(节点、文件或链接等)之间的关系,关系类型可自行定义。预建式建立编码可利用预先定义的树状节点间层级关系确定编码体系,归纳式建立编码则是在多重检视和循环式编码过程中不断地将自由节点进行合并或加入树状节点结构中以形成体系。编码过程可采用自由编码或快速编码等方式,对于结构化的材料来源还可考虑尝试自动编码功能。在查阅资料和编码的过程中,研究者可借助备注链接、参考链接、注解、超链接四种链接将资料关联整合起来,也可通过集合来对不同类型对象进行分类,简化资料库,方便资料查询。Nvivo 的资料展示功能也较为多样。如常用的矩阵编码查询功能,利用表格展示已编码材料中节点、群组或属性值的比较结果。此外,Nvivo 在原有的可基于编码覆盖统计等数据建立图表的可视化功能上,还增加了词频统计的标签云,基于共享相似词、属性值或编码的材料来源或节点形成聚类树等附加展示功能。而在结论总结方面,Nvivo 提供两种方式供研究者评估编码信度:①使用"编码比较"查询显示团队之间编码一致或不一致的百分比等结果;②采用"kappa 系数"的编码可靠性测量。为了进一步探索检验节点间的关系,还可生成类似于定量数据的频次表或交叉表等可视化图表,以检验不同问题之间的关系。Nvivo 提供了多种类型的链接来描绘因果、相互依存、层次结构、相互矛盾等关系。此外也可将编码分布情况导出到 SPSS 中作定量分析,提高研究客观性。

章戈浩在《计算机辅助质化分析与新闻传播研究》[①]中列举了一些 Nvivo 的应用案例,在此摘录其中一个典型且简单的例子:

---

① 章戈浩.计算机辅助质化分析与新闻传播研究[J].全球传媒学刊,2015,2(1):206.

在发表于《话语与传播》(*Discourse & Communication*)杂志的《报刊抗议与公众》(Press Protest and Publics)一文中,研究者收集了2000年至2005年苏格兰报纸对政治运动的报道,也包括对从事报道的编辑、记者的深度访谈,共计343篇文本。研究者直接使用Nvivo的检索功能,从文本中标识了423个段落。研究者以"读者""公众""舆论",以及"公众支持""公众反对"等相关概念(原英文为reader,public,public opinion,public support,public opposition)为关键词,将文本内搜索到的关键词作为节点(node),将包括这些节点的段落一面作为进一步研究的资源,另外一面用以检验深度分析的代表性(representativeness)。为了防止在研究中仅搜索关键词会对关键内容有所遗漏,研究者又手动进行了编码,在通读所有文本材料时,将记者用以指代读者的第二人称代词"you"也加以甄别,将指代苏格兰的其他同义语也一一标注。然后,研究者将每篇文本按文章类型(消息、通信等)加上属性,再借助软件的帮助,对比说明了作为文本的报纸如何表现公众,以及报纸如何表现自身与公众的互动及对公众的影响,再将文本与生产文本的情境相对应,从而提示了如何从话语等方面理解记者表征自己与读者或公众的互动,并将其合理化(Birks,2010)。

小　结

质化研究的资料分析是质化研究的重点,它关乎质化研究方法的恰当呈现和质化研究的可信度。质化研究资料难以呈现,不仅因其形态多样,视频、图像、声音等都较难分析,只对文字的分析,如对深访资料的分析也可能流于琐碎、浅表,甚或凌乱,达不到有效的论证效果。引介扎根理论的目的即在于,使读者了解扎根理论对质化研究资料的分析逻辑和操作方法,特别是其中的编码方式,以建构对质化研究资料的系统化分析思维。对质性资料分析软件的介绍,目的在于开阔读者视野,在需要时可以按图索骥,进行深入学习。要注意的是,对于软件的学习应做好时间规划,以免影响整体研究进度。

案例分析：简洁清晰地表达思想

案例论文以定量研究为主，辅以文本分析，在研究设计时两者互为补充，在表达呈现时自然不能割裂，而是互为表里，融为一体。以下是案例论文中第三部分第一大点中第一小点的阐述，论文作者结合量化数据分析和文本内容阐释，加之文献资料综合并用，简洁清晰地表达了作者的研究内容。

> 三、公益传播的内涵意义：A 社区公众号的隐含语境
>
> 公益传播的意义来源于文本承载的意义、符号叠加的意义以及受众通过解读和行动从而确证、实现传播内容的意义。在符号意指系统下，内涵意义也称含蓄意指，它由直接意指系统的诸符号构成，叶尔姆斯列夫在《导论》中论述了含蓄意指现象尚未被系统研究过。① 内涵意义可以理解为隐含的深层意义，需要与广泛的社会文化等概念相结合进行联想。因此结合社会历史等概念，分析挖掘符号文本的隐藏意指，对文本符号表征、内容创建模式、叙事框架、生态构建等进行研究，是打破"意义迷雾"的关键。
>
> 实证研究的第二部分以内容分析结论为基础，结合热点事件、内容公益符号呈现两方面，重点对三篇高互动量文章进行文本分析，发掘其亮点特质和传播逻辑，最终整理归纳如下。
>
> （一）公益品牌传播的符号表征
>
> 针对内容分析中"没有结合热点事件的文章阅读量高于结合热点事件的文章""内容中的公益符号呈现会影响互动量"两个结论，笔者进一步提问："为什么没有结合热点的文章阅读量优于结合热点的文章？""文中不同公益符号为什么且如何影响实际互动量？"并通过目的抽样法选取三篇样本文章《五彩拼图》《合作伙伴招募》《A 小测试》进行文本分析。
>
> 1.结合热点——强蹭热点带不动互动量
>
> 公益传播公共空间中的舆论热点并不等同于目标受众关注的热点，追随舆论热浪未必会带来理想的互动量。内容分析所得，A 社区推送中没有结合热点事件的文章比结合热点事件的文章具有更高的互动量。对是否结合热点事件和文章主题类型两个变量进行卡方检验，得到检验值为 26.741，概率

---

① 巴特.符号学原理[M].李幼蒸,译.北京:中国人民大学出版社,2008:170.

值为 0.000,即是否结合热点事件对于主题类型的差异非常显著。结合前文图 2-8 中不同的主题类型文章结合热点的情况可见,结合热点的文章类型一半是育儿知识分享、课程营销类文章,该类文章的互动量普遍较低,互动量中位数仅为 2.5 次。因此结合热点事件的文章阅读量较低也和主题类型的"冷门"有一定关系。

结合热点话题的文章往往难获高互动量。《不去环球影城也能变身魔法师?》《今天也要好好吃饭哦》分别结合北京环球影城开张、世界粮食日等热点进行育儿知识分享及早教课程营销,两篇文章的互动量均在样本中的后 10%。一方面,文章的主题类型会影响阅读量。育儿知识分享及课程营销文章的目标受众为流动留守儿童及其家庭,涵盖人群范围较窄。另一方面,对于目标受众来说,环球影城和世界粮食日的话题相对有一定距离,热点选择脱离其兴趣点,因此文章阅读量也较低。细读文章内容,该类结合热点事件的文章大多以热点事件作为引子,围绕孩子早教的某个问题,按"是什么——为什么——怎么做"的逻辑行文,以理性诉求引用专家研究、列出数据、条分缕析地开展知识科普。虽然语言风格较为轻松,但是叙事结构和内容相对严肃,具有"说教感",这也导致文章互动量不高。

思考与练习

1. 思考如何增加质化研究资料分析结果的可信度,并举例说明。
2. 思考扎根理论中编码的意义,不同层级编码的作用是什么。
3. 比较扎根理论编码的过程和内容分析的编码步骤,说明两者的本质区别。
4. 选择一个质化分析软件,了解其作用及功能,并尝试使用。

第六章 量化研究的资料分析

▶要点提示

1. 描述数据的方法
2. 描述性统计量
3. 假设检验
4. 多元统计分析

量化的研究方法主要包括问卷调查法、内容分析法和实验法,不同的方法获取的资料也会有所不同,但其共通之处是所获取的资料以数据为主,只是数据的量或分析数据的方法会有不同,对数据解读分析的侧重点也会有所区别。定量资料的特征不仅体现于数据化的特点,通常还隐含着"大量"的含义。处理大量的数据,依靠手工操作基本不可能。因此与处理质化资料时计算机软件作为辅助工具不同,对于量化资料的处理,计算机软件成为基本的工具,成为先决条件。即研究者需要掌握一定的数据分析软件技能才能够进行量化数据分析操作。另外一个先决条件则是对一定统计分析方法的掌握。对统计分析方法了解得越多,越能够对数据资料进行更为深度的分析,以挖掘出更多的信息。同时,量化数据分析结果的表达有其固有模式,这些也需要研究者学习和掌握。

第一节 数据分析软件

可用于数据分析的软件种类繁多,比如 Excel 作为办公软件,对数据管理、统计分析的功能也相当强大,专业的统计分析软件如 SPSS、SAS、Stata 和 Minitab 等在功能和应用上各有千秋。其中 SPSS 因其易学易用的特点,在社会科学领域的使用最为普遍,基本这一个统计分析软件即可满足一般数据分析的需求。不过由于 SPSS 在数据录入时限定较多,在数据管理上配合其他的数据分析软件使用会更为方便,如利用 Epidata 软件进行数据录入。在此,对这两个软件分别加以介绍。

一、Epidata 软件及其录入功能简介

Epidata 是一款由国际个人咨询小组开发,并由位于丹麦的 EpiData Association 发布的统计软件。软件共包含 Epidata Entry、Epidata Manager 和 Epidata Analysis 三个子软件。Epidata Manager 主要用于创建、管理数据文档,Epidata Entry 主要用于简单、程序化地录入数据文档,Epidata Entry 无论是在调查过程中直接通过该软件让被访者进行填答或是在问卷收集结束后统一进行数据录入,都有着较好的表现。Epidata Analysis 主要进行基本的统计分析。

通过 Epidata Manager 可以创建数据录入模版,并且在创建的过程中,能够自由地设置文本框的位置和大小,更加贴合问题在实际问卷当中的位置,方便录入对照。此外,每一道题目的录入文本框均可以设置录入的字符长度、文本类型等。在录入模版设置完成之后,则可以使用 Epidata Entry 导入该模版,正式开始问卷数据录入。在录入过程中,每录入完一道题后会自动跳转下一道题,也可以通过"回车""左右键"或鼠标直接点击进行跳转。当录入完一整份问卷数据后,保存即可继续录入新的问卷数据,并可以通过左下角的页码框,重新回到之前录入的数据文档当中。如果多人同时录入,则可以通过"add"将其他录入文件进行合并,将不同录入文件整合在一起。当全部录入完成后,可以导出 xsl、csv、sps 等多种格式的文件,方便导入至相应的软件中进行数据分析。

Epidata 的优势主要在于:由于录入中能够自动跳转,并且设置与原问卷相符的位置排布,因此能够实现程序化的录入,节约录入时间;通过设置字符长度、文本类型等,能够对文本框内录入的内容进行审校,能够降低录入过程中出错的概率;支持多种格式的导出,适应各种分析软件,此外软件自身也支持 Windows、Mac OS 和 linux 等多个

系统;软件独立运用,相比于在线网站,数据安全程度相对更高。①

二、SPSS 软件简介

SPSS 是为广大的非专业人士设计的,它功能强大,操作灵活,好学易懂,简单实用,因而很受非专业人士的青睐,国内统计界和高校统计系对 SPSS 也是情有独钟。SPSS 是该软件英文名称的首字母缩写,原文为 Statistical Package for the Social Sciences,即"社会科学统计软件包"。之后,伴随 SPSS 产品服务领域的扩大和服务深度的增加,SPSS 公司已决定将其英文全称更改为 Statistical Product and Service Solutions,意为"统计产品与服务解决方案"。

SPSS 软件是在 1968 年由美国斯坦福大学的三位学生开发的。早期的 SPSS 软件无论在用户界面的友好程度、软件操作的难易程度,还是在可处理的数据量以及变量多少等方面都存在不少的问题。那时,SPSS 也像 SAS 那样需要用户自己编程来完成数据分析,而且它能处理的变量个数不超过 500 个,观测数也不能超过 500 个,这些都极大地限制了 SPSS 软件的推广和普及。自从 1995 年 SPSS 公司与微软公司合作开发 SPSS 软件的界面以后,SPSS 的界面变得越来越友好,操作也越来越简单。熟悉微软公司产品的用户学起 SPSS 的操作来很容易上手。因为 SPSS for Windows 的界面完全是菜单式的,你需要运行哪些统计过程,只需要在菜单中选择就可以了。而且现在 SPSS 软件可同时处理的变量个数多,观测个数也不断增加。目前从理论上说,只要你的计算机硬盘和内存足够大,SPSS 可以处理任意大小的数据文件,无论你的文件中包含多少个变量,也不论你的数据中包含多少个观测值。

SPSS 公司于 1975 年在芝加哥成立,迄今已有 30 余年的成长历史。目前,SPSS 在全球拥有约 25 万家产品用户,它们分布于通讯、医疗、银行、证券、保险、制造、商业、市场研究、科研教育等多个领域和行业,是世界上应用最广泛的专业统计软件。1994 至 1998 年间,SPSS 公司陆续购并了 SYSTAT 公司、BMDP 软件公司、Quantime 公司、ISL 公司,并将各公司的主打产品收纳至 SPSS 旗下,从而使 SPSS 公司由原来的单一统计产品开发与销售转向为企业、教育科研及政府机构提供全面信息统计决策支持服务,走在最新流行的"数据挖掘"和"数据仓库"领域前沿的一家综合统计软件公司。

---

① 部分内容来源于 Epidata Software 官方网站,http://www.epidata.dk,2022-07-20。

第二节 统计分析基础

一项完整的数据分析工作应该包括数据的录入、数据的整理和数据分析。研究者有可能直接拿到整理好的数据,也有可能自己进行数据录入和整理,无论哪种情况,最终的目的都是对数据进行统计分析。根据不同的研究目的和要求,研究者需要选择不同的统计方法。总体来说数据分析有三个层面,三个层面的分析逐层递进:首先,最为基础的属描述性分析,即对一个变量取值的归纳整理以及对其数据分布形态的研究,用表格或图形的方法,或者用众数、中位数、均值和标准差等统计量来描述样本数据;其次,为探求两个变量间的相关性,或者进行单变量或双变量的假设检验,可以用卡方分析、T检验、单因素方差分析、简单相关系数、一元线性回归分析等方法;最后是对多个变量进行相关性分析,可以用多元线性回归、判别分析、聚类分析和因子分析等方法。

一、描述性统计分析

即使是进行最为基础的描述性分析,也需要掌握必要的统计知识。以下罗列的是进行数据分析有必要了解的最为基本的统计概念:

(一) 变量类型

进行数据分析时,最基本的分析单位是变量。量化研究中,一般都要将实际的问题转化为变量,如调查问卷的每个题目都可以看作一个变量,由于所提问题的性质不同,对应的变量类型就不一样。变量类型由低到高依次为:定类变量、定序变量、定距变量、定比变量。

定类变量的取值只有分类的意义,变量取值间的加减乘除没有实际意义。定序变量的取值不仅能够代表事物的分类,还能代表事物按照某种特性的排序,定序变量的值之间可以比较大小,或者有强弱顺序,但变量的两个取值的差没有什么实际意义。定距变量的值可以比较大小,两个取值的差有实际意义,这样的变量叫定距变量。定比变量和定距变量在调查中一般不做区分。

根据变量值的含义对变量进行类别划分的意义在于,在进行统计分析时,对于不同类型的变量要采取不同的统计分析方法,使得统计分析有实际的意义。一般的原则是适于较低类别变量的统计方法也可用于较高类别的变量,反之则不行。比如适用于定类变量的分析方法,同时可用于其他类别的变量,反过来适用于定距变量的方法一般不能用于其他类别的变量。

由于一般问卷调查中的定类、定序变量较多,为了能使用更多的统计方法,常常将有些定类和定序变量通过某些方式转换为定距变量或看成近似定距变量,这样只适用于定距变量的统计方法就可以应用于这些定类和定序变量了。

(二) 频数和百分比

所谓频数,是表示变量某一个取值的个案数;所谓百分比,是表示该取值的个案数占总样本数的比例,即(频数/样本量)×100%。将变量所有取值的频数和百分比列在一个表中,这种表叫频数表,从中可以看到各个取值的分布情况。需要注意的是,由于问卷调查中有些题目的设定是单项选择题,即被访者在变量的所有备选答案中只能选择一项,因此所有选项的百分比之和一定小于(有未填答的情况时)或等于100%;有些题目的设定是多项选择题,因此所有选项的百分比之和有可能大于100%。因此两者的频数表会略有不同。

频数表的分析方式一般适用于定类变量和定序变量,对定距变量,必须先将变量的取值进行分组,每一个分组作为一个新的选项,然后对这些新的选项进行频数分析和计算。

频数和百分比计算中,百分比大小比较是一个相对的概念,频数大小则是绝对的数值。尽管在数据分析时利用百分比更为直观,但有时也需要用频数进一步说明实际数值之间的差异。例如在比较两个市场消费量的增长幅度时,在 A 市场和 B 市场的体量差异巨大的情况下,可能 A 市场的增长幅度没有 B 市场大,这是因为 A 市场的规模可能是 B 市场的几十倍,在这种情况下需要比较增长的实际数额,才能全面说明问题。

(三) 交互表

频数表是针对一个变量进行的数据分布描述,交互表是将两个变量放在一起进行的数据分布描述。假设变量 A 有 i 个取值：1、2、3……i，变量 B 有 j 个取值：1、2、3……j，交互表能够显示变量 A 和变量 B 的所有取值两两组合时的频数和百分比，百分比可以是基于总样本的，也可以是基于变量 A 某个取值的总频数，也可以是基于变量 B 某个取值的总频数。交互表又称列联表。对于单项选择和多项选择的题目，交互表的形式基本相同，与频数表一样，两者的区别主要在于百分比的取值范围有所不同。

(四) 统计量

统计量是指样本统计量，其定义是"由样本提供的信息计算出的值"，这种"值"能够代表样本的某些特性。与之相对应的概念是总体的参数，即从完整的普查中计算出的值，这种"值"代表的是总体的某些特性。一般来说，总体的参数是研究者想要了解又难以测量的，通常用样本的统计量去给出它们的估计值，例如用样本的平均值去估计总体的平均值。根据统计量的值所代表的样本特征的不同，统计量可分为集中趋势统计量，即对变量数据中心的描述；离散程度统计量，即对变量数据分散程度的描述；其他的对变量数据分布形状描述的统计量。这里具体介绍前两种统计量。

1. 对变量中心的描述——众数、中位数、均值

用于描述一组调查数据或资料的中心的常用统计量有三种：众数(Mode)、中位数(Median)和均值(Mean)。

所谓众数，是表示一组数据中出现次数最多或最常见的数值。众数代表了数据中的典型个案，或者是分布的高峰所对应的变量取值，也就是变量的所有取值中频数最大的取值。如在消费者的教育程度问题里，初中学历程度选项最多，所以初中相对应的变量编码就是众数。众数适合于描述定类和定序变量，对于定距变量，可先将数据分组，分组后的频数最大的那一组的组中值，就近似地认为是该变量的众数。

中位数表示一组数据按照大小的顺序排列时，中间位置的那个数值，即针对某个变量，有 50%的个案的取值在中位数以下。通俗地讲，样本的所有观测值中，有一半的数比中位数大，另一半的数比中位数小。对于离散型数据，中位数计算时会遇到两种情况：当样本数是奇数时，将样本的所有观测值按由小到大的顺序排列，排在中间位置的数值即中位数；当样本为偶数时，排在中间位置的两个数的平均值为中位数。中位数适用于定序变量，对于定距变量，还是首先对观测值进行分组，简单的方法就是用中间那一组的组中值作为变量的中位数。

均值即样本所有的 n 个观测值之和除以样本量。假设 n 个观测值用 $X_1, X_2 \cdots\cdots X_n$ 表示,均值用 $\bar{X}$ 表示,均值的公式为:

$$\bar{X} = \sum X/n \quad (1) \quad 或 \quad \bar{X} = \sum Xf/n \quad (2)$$

这里公式(2)是针对分组的数据而言,其中 X 表示某变量的取值,f 表示变量落在某一组中的频数,$\sum$ 表示对所有的值求和(或者对所有的组求和)。

均值是最典型也最常用的统计量,适用于定距变量和定比变量。如表 6-1 所示,均值也是最有"意义"的统计量,它可以看作数据的"平衡点"或"重心"位置所在。因为均值在计算时,使用了所有的数据,所以相对于众数和中位数,均值所包含的信息量最大。但是均值受极端值影响比较大,个别的极端值会影响均值的数值,使其发生较大变化。因此在调查的数据分布比较规则,不存在什么极端值,或数据对中心的偏离不是很大的情况下,均值是很好的描述工具。但如果存在极端值或分布偏离比较大时,还必须用中位数或众数加以补充。

表 6-1 三个中心度量的比较

均值	中位数	众数
适用于定距或定比变量	主要适用于定序变量	主要适用于定类变量
最稳定	较均值的稳定性差	最不稳定
计算时用到全部数据	只需中间的数据	可最快速求出
受极端值影响	对极端值不敏感	有时对个别值的变动也很敏感
分组变化时影响不大	分组变化时有些影响	分组变化时影响较小

2.对变量离散程度的描述——方差、标准差、极差

众数、中位数、均值都是对变量分布中心的描述,当需要对变量的分散程度进行描述时,较常用到的统计量是方差(Variance)、标准差(Standard variance)和极差(Range)。

方差和标准差都是表示数据分布相对平均数的偏离程度或伸展程度的度量。方差的计算公式是:

$$S^2 = \frac{\sum_{i=1}^{n}(X_i - \bar{X})^2}{n-1}$$

其中,S^2——样本方差;

X_i——第 i 个观察值;

$\bar{X}$——样本均值；

n——样本容量。

标准差 $S=\sqrt{S^2}$，标准差的大小反映了数据对均值的离散程度，标准差越小，表明数据越集中于均值附近，反之则越分散。

所谓极差，就是最大值和最小值之间的距离。

对变量中心的描述指明了一个变量典型的值，对变量分布形状的描述则指出了数据的离散程度。只依赖集中趋势对数据进行的描述可能是不全面的，表 6-2 的例子可以说明此问题。

假定在两个不同区域分别调查 10 位受访者，了解他们每天收看电视时间的长短，结果如下：

表 6-2　两个不同区域受访者每天收看电视时间的数据

受访者	地区一/每天收看电视的时间（小时）	受访者	地区二/每天收看电视的时间（小时）
1	2	11	1
2	2	12	2
3	3	13	1
4	2	14	2
5	5	15	2
6	1	16	1
7	2	17	1
8	2	18	3
9	7	19	7
10	1	20	7
均值	2.7	均值	2.7
标准差	1.9	标准差	2.4

从上面的数据中，可以直观地看到两个地区的人收看电视时间的分布形状是不一样的，但是仅从电视收看的平均时间来看，两个地区的收视情况是相同的。而通过比较两组数据的标准差，才能进一步发现两组数据分布上的差异，地区二的数据标准差大于地区一，这表明地区二电视收看时间数据的分布更分散。

二、相关性分析

与一般的调查数据分析相比，论文研究中的数据分析更有可能在描述统计分析的基础上,做进一步的比较分析或相关性的探讨。尽管具体问题有具体的统计分析方法,但这些更为深入的统计分析的共同之处在于以下三点:

第一,这些相关分析的本质是用随机抽样样本去估计或推断总体。在之前的描述性统计分析中,当样本是随机抽样样本时,则隐含了在分析时,用相应的样本数据去估计总体数据,如用样本的比例、均值、中位数等统计量去估计总体的比例、均值、中位数等指标。当需要进行相关性分析时,相应的分析过程显在化:通过计算样本中变量之间的相关性,进一步推断总体间两个变量的相关性,进而得到相应的研究结论。

第二,用样本去估计或推断总体的前提是样本是随机抽样样本,即用随机抽样的方式获取的样本。对于采用非随机抽样的方式获取的样本,因为没有随机抽样样本的代表性,所以只能对样本进行描述性统计,不能够对总体进行推断。当然,有很多情况可以将非随机抽样样本看作近似随机抽样样本。

第三,用样本去推断总体的一般原理是,首先是对总体提出原假设,一般而言原假设是常数值、零值或不相关;其次是假设原假设成立,因为所提出的原假设是某种唯一情况,当原假设成立时就可以知道总体的数据分布情况,并据此计算总体原假设成立时抽取到目前所获得样本的概率;最后,根据概率值的大小做出拒绝原假设或者不拒绝原假设的判断:当概率值很小时,一般指小于 0.05 或 0.1,或研究者设定的数值,利用小概率原理,认为在一次抽样时抽到小概率事件的样本不可能发生,因此拒绝原假设。其基本的思维逻辑在于,假设原假设成立的情况下,进行一系列的正确运算,却求出很小的概率值,那一定是某个环节出了问题,因为后续计算都是正确的,所以出问题的一定是原假设。当然,如果概率值很大,如大于 0.05 或 0.1,或其他设定值,则不能拒绝原假设。这就是统计学中假设检验的思路。

举例来说,我们想探讨变量 A 和变量 B 是否有相关性,我们的基本想法是假设变量 A 和变量 B 不相关,然后计算出相应的概率值,并根据概率值判断是拒绝原假设还是不拒绝原假设。但如何计算概率值呢?这要根据变量的不同类型,利用不同的统计分布来计算。概括来讲有以下几种情况:

一是,变量 A 和变量 B 这两个变量都是定类变量的情形,适合的描述方式是交互表,对应的假设检验是卡方分析。其两个变量不相关的原假设转换为具体的:变量 A 的任何取值之下,变量 B 各个取值的百分比分布一致。在此假设成立的前提之下,求得卡方值,并利用卡方分布求得概率值,简称概值,若概值很小则拒绝原假设,即变量

A 的不同取值会影响变量 B 的取值分布,至于具体是如何影响的,则需要结合交互表来看。这就是两个定类变量,变量 A 和变量 B 有相关性的情形。卡方分析也可以对单独一个变量进行,比如可以对变量 A 进行拟合优度的卡方检验,即假设变量 A 的各个取值的百分比分布符合某种常态,然后据此求出卡方值,并根据卡方分布求出概值,概值很小则拒绝原假设。

二是,变量 A 是定类变量,变量 B 是定距变量的情形,适合的描述方式是将变量 A 作为分组变量,分别计算不同组别的变量 B 的均值并比较,对应的假设检验是 T 检验或单因素方差分析。当变量 A 的取值只有两类值时,用 T 检验,当变量 A 的取值有三类值及以上时,用 F 检验或称为单因素方差分析。此时,两个变量不相关的原假设转换为具体的:变量 A 的不同取值之下,不同组的变量 B 的均值都相等。在此假设成立的前提之下,求得 T 值或 F 值,并利用相应的 T 分布或 F 分布求得概值,若概值很小则拒绝原假设,即变量 A 的不同取值之下,不同组的变量 B 的均值不同,至于如何不同,由均值比较的表格中不同组均值的数据来显现。此即一个定类变量 A 和一个定距变量 B 有相关性的情形。对于一个定距变量 B 也可以进行 T 检验,其原假设是变量 B 取值的均值是某个常数,在这个假设成立的前提下,计算 T 值并求出概值,如果概值很小就拒绝原假设。

三是,变量 A 和变量 B 都是定距变量的情形,适合的描述方式是计算样本中变量 A 和变量 B 的相关系数。此时对于总体的原假设具体表述为变量 A 和变量 B 的相关系数为零。在此假设成立的前提下,计算相应的 T 分布值,并计算概值,如果概值很小,就拒绝原假设。与之类似的方法是简单线性回归的方法,不同之处在于两个变量不再处于同等地位,一个作为自变量,一个作为因变量,至于哪个变量是自变量,哪个是因变量,需要根据实际情况来判断。

上述关于假设检验和相关分析的叙述相当粗放,只是粗线条地勾勒了有关内容的大致轮廓,原因在于,相关的内容需要专门细致地学习,这里只能起到一个提示的作用:如果能够大致看懂以上内容,那就基本具备了进行较为深入的数据分析的条件;如果基本看不懂上述内容,那就应该适当地补补课,以具备相应的数据分析的能力。因为量化数据的分析如果只停留在描述数据分析阶段,会使研究变得相当粗浅,特别是有些研究方法如实验法,因其探究因果关系的特性,必须使用方差分析等研究方法才能得以实现,所以如果进行实验法的研究,就至少要学会方差分析的统计分析方法。

关于多元统计分析的方法在这里不再叙述，如果需要做相关的数据分析，也应该对诸如多元回归、聚类分析、因子分析等方法提前加以学习和掌握。

第三节 统计分析数据的呈现

量化研究资料的呈现与质化研究资料的呈现有很大的不同，后者难以测量研究的信度和效度，因此要尽可能地呈现资料的分析过程，以保证研究结果的可信性和有效性。量化研究资料的分析有相对固定的方法，尽管也需要呈现必要的过程，但更加强调的是数据分析结果的呈现和阐释。通常的情况是，大量的量化研究资料经过整理分析，用简洁的统计分析将分析结果呈现出来。

一、数据准备

整体的数据分析工作分为两个环节，一是数据的准备，包括对问卷的回收检查和数据的录入、整理工作；二是数据的统计分析，包括使用各种统计分析方法，对数据结果进行描述、分析变量间的相互关系等。但是这些工作大部分都处于幕后状态，只有少部分会呈现于毕业论文当中。以问卷调查为例，数据资料的处理过程从回收第一份问卷开始，问卷的回收、复核、校订、补问、检查等，这些有关数据准备的工作虽然对数据的统计分析十分重要，但基本不会在毕业论文中直接呈现出来。

对问卷的编码工作则有不同的情况。编码是指对一个问题的不同答案进行分组和确定数字代码的过程。大多数问卷的大部分问题都是封闭式的，在调查之前就已经完成了编码过程，即每一组问题的不同答案的数字编码已经确定，但如果要改变这些编码，比如将问卷中收入的选项或者年龄的选项合并，或对"缺失"及"不清楚"等选项做说明，此时一般需要在论文中进行说明，以方便读者阅读带有这些变量的数据分析结果或图表，对于一些原本是开放性的问题，也有可能需要做相同的处理。是否在论文中呈现相应的编码工作，判断依据是含有这些经过编码的变量的数据分析结果或图表，是否直接呈现于论文当中。如果这种需要说明编码的情况比较多，通常将其汇总说明，以附录的方式置于文末，以免影响论文阅读的流畅性。对于时下越来越依赖于网络调查的问卷调查方式,基本省却了数据录入的过程。如果是用传统的纸质问卷调查方式,数据录入需要较大的工作量,但这些工作基本不会在论文表述中有所体现,包括其他大量的数据整理工作也是如此。

对于缺失值的处理值得单独做出说明。缺失值是指对于某个变量的取值,受访者没有选择其中任何一项,导致受访者在这个变量上的取值空缺。在数据处理的过程中,经常会碰到缺失值的问题。缺失值过多的话,说明数据收集过程中存在严重问题。一般认为可以接受的标准是:缺失值在10%以下。处理缺失值的方法有下面四种:

(1)用一个能够代表样本平均水平的样本统计量的值代替缺失值。缺失值可以使用一个样本的统计量去代替,最典型的做法就是使用该变量的样本平均值。由于该变量的平均值保持不变,其他的统计量如标准差、相关系数等都不会受到影响。如在收入或年龄问题中出现缺失值,可以使用收入、年龄的平均值代替缺失值。

(2)用从一个统计模型计算出来的值去代替缺失值。另一种缺失值的处理方法就是利用某些统计模型计算得到的比较合理的值代替,如回归模型、判别模型等。如"个人收入""年龄"与"品牌选择"可能存在关系,利用受访者对这三个问题回答的数据,可能构建一个回归方程。根据这个回归方程,对于没有回答"品牌选择"的受访者,可以根据"个人收入"和"年龄"的选项,利用回归方程式,计算出品牌选择的值。

(3)将有缺失值的个案删除。这种方法可能会导致样本量的减少,如果数据在收集过程中控制得不是很好,受访者多多少少会出现一些问题没有回答的情况,删除个案的办法,会导致大量样本流失。

(4)将有缺失值的个案保存,仅在相应的分析中做必要的删除。这种方法会使分析中不同计算的样本量不同,也有可能导致不适宜的结果。在调查的样本量不太大,缺失值的数量又不是很多,且变量间不存在高度相关的情况下,可以采用这种方法处理缺失值。

以上这些缺失值处理的方式,通常需要在论文中有所体现,因为不同的缺失值处理方式对有效样本量,即实际参与统计分析的样本数量有影响,而有效样本量是统计分析时需要呈现的重要信息。不过,缺失值的处理方式在论文中不必大书特书,只需简洁清晰地说明白即可。

应用内容分析方法和实验法所得到的数据通常与问卷调查法所得到的数据类似,数据库结构一般还会更为简单清晰,因此遇到的数据分析的准备工作不外乎如上情况,遵循相同的原则处理就好。

所有的数据准备工作,哪些需要呈现,哪些不需要,在论文撰写时需要加以选择,基本的原则是在正文中简洁清晰地呈现主要的信息,而更为详尽的信息,如有必要可在附录中呈现。其余的信息,如果不呈现也不会影响对论文的阅读和理解,则不必呈现出来。

二、图表的呈现方式

论文中量化研究资料分析的结果主要由文字构成,但为了突出数量特征或为了详尽说明和描述数据结果,也常常会辅以统计表和统计图。统计表和统计图都是基于统计数据,加以梳理转化而得,两者的不同在于,统计表通常会呈现更多的数据信息,统计图通常会更为直观地反映数据呈现出的结果。应用时要根据欲表达信息的侧重点选择使用统计表或统计图,如果既要展示大量的数据又要直观呈现数据分析结果,则可图表共用。

统计表是数据资料表现的一种重要方式,当数据汇集并经过分类加工处理以后,一般都用统计表的形式加以表达。统计表能够简明地描述数据资料的特性以及不同资料之间的关系。统计表一般包括五个要素:序号、标题、栏目、数字和表注。序号,一般以统计表在正文中出现的先后顺序为准,出现在统计表标题的前端;标题,即统计表的名称,用简明扼要的文字说明全表的内容,一般出现在统计表的最上端;栏目,即表格分类的项目,通常包括横行栏目和纵列栏目,横行栏目写在表格的左侧第一列,纵列栏目写在表格的第一行;数字,数字是统计表的语言,也是统计表最主要的组成部分,数字占据着表格的绝大部分空间,是反映数据分析结果的重要依据;表注,即对标题的补充,或说明表格中数据资料的来源,一般出现在统计表的最下端。

统计表的类型主要包括:简单表和复合表。简单表,即只列出一个统计变量各项分类及相应数值的统计表;复合表,即列出两个或者两个以上的变量各项分类及相应数值的统计表。

统计表的优点是能够将统计得出的数据进行分类,便于研究者对各种数据进行比较分析,从中发现问题,进而解决问题。统计表的缺点是显得过于专业,不够通俗易懂。在表达方式上,统计表也不够形象生动。

统计表中的数据也可以转换为统计图的形式来表达,其目的在于更为直观地表达数据。一图胜千言,使用得当的统计图往往能起到画龙点睛的作用。完整的统计图一般包括六个要素:即图号、图名、图目、图尺、图形和图注。图号,即统计图的序号,通常是根据图形在正文中出现的顺序来确定。图名,即统计图的名称,是对图示内容的高度概括。好的图名能够起到提纲挈领的作用,帮助读者快速理解图形含义。图名一般和图号一起,标注在整幅统计图的下方。图目,写在图形基线上的各种不同类别、名称、时间或者统计量,即横坐标或纵坐标上所用的单位名称。图尺,在统计图的横坐标或纵坐标上,常常要用一定的距离表示其单位,这些单位就称为图尺。图尺有计数单位,也有百分单位。这要根据资料的情况加以选用。图尺的分点要清楚,整个图尺的大小要包括所有的数据值,如果数据值大小过分悬殊,可以用断尺法或回尺法减少图幅。图形,即统计图的主要部分,由线或面构成。在表述不同的结果时,用不同的图形线或面加以区别。各种图形线或面的含义用图例标明,图例可选在图外的适当位置表示。图形制作的基本要求是使整个统计图和谐、美观。图注,图形的局部或某一点需要借助文字或数字加以补充说明的,均称为图注。图注的目的在于帮助读者理解图形所表示的数据资料,提高统计图的使用价值或者说明数据来源。

统计图的种类和形式多样,常用的有饼状图、柱形图、条形图和折线图几种。饼状图是最简单的一种图形,它是将数据资料显示在同一个圆面上,整个圆饼代表整体,圆瓣代表各种情况。饼状图适用的范围较小,多用于显示定类数据,主要适合表现总体的结构分布和比例特征。饼状图的最大优点就是可以显示各个部分占总体的比重,以及各部分之间直观的比较。柱形图是一种以宽度相同的条形的高低或长短来表示统计数值大小及数量关系的统计图形。柱形图适用于定类数据和定距数据,一般来说可以通过饼状图、折线图表示的数据结果都可以在柱形图中表现出来,而且许多在其他图形中不能表达的或者不能有效表达的数据,也都可以用柱形图来表示。柱形图又可以分为简明柱形图、簇状柱形图、堆积柱形图和多行三维柱形图。电脑软件还设计了与之相对应的具有立体效果的三维簇状柱形图、三维堆积柱形图等,使图形效果更加生动、形象。条形图本质上与柱形图没有太大的区别,无非是柱形图的横置形式。在实际应用中主要考虑到排版的需要和美化形式,常常可以和柱形图替换。同样条形图又可以分为簇状条形图、堆积条形图和百分比堆积条形图。与之相对应的是立体效果的三维簇状条形图、三维堆积条形图和三维百分比堆积条形图。折线图适合显示出数据随时间或类别变化的趋势,因此经常用在连续性数据资料中,用来表示两个变量之间的函数关系或描述某种现象在时间上的发展趋势。折线图对于表达交互数据有其独到的功能,要比其他图形清晰、直观。

统计图最突出的优点是直观,具有忽略细节、突出重点的作用。可以将复杂难懂的数据资料和庞杂的数据表格变得形象生动、通俗易懂,便于理解和记忆。由于统计图具有忽略细节的特点,所以图形化后的数据一般不易精确。而且如果制图不当,很容易掩盖数据真相,有时甚至会产生误导。

无论哪种应用情况,统计表和统计图的使用都应遵循两项基本原则:一要规范,二要解读。无论是统计表还是统计图,都有其规范性的要求,比如统计表和统计图都要有一定的序号,表和图的序号要分别排列;表和图都应有语义明确的标题,表的标题在表的上方位置,图的标题在图的下方位置。这些要求都应该遵守,以便于读者更好地阅读理解文中之意。统计表和统计图都不应该突兀地置于文本之中,要依赖对图和表的解读,使之与文章有机融合,这样做不仅能够使行文更加流畅,也能够起到导读的作用,帮助读者正确全面地理解表和图所传递的信息。

三、其他问题的说明

前面虽然强调了图表在量化研究资料分析时的应用,但应该注意,毕业论文写作时无论是质化的还是量化的研究资料的呈现,都应当是以文字阐述为主体,因此图表的使用不是多多益善,而是要恰到好处。首先,在正文中呈现量化研究资料时,图表与文字的比重要适当,应避免连篇累牍的缺乏深度解读的图表,如果确实需要表现大量的图表,可将其置于附录部分。其次,图表的形式虽然有一定之规,但在表达数据结果时要根据实际的需要灵活表现,要发挥研究者的创造力,用最为恰当的方式来展现数据资料,当然这与符合基本的写作规范并不矛盾。再有,利用文字对图表数据解读不是复述,而是阐释。亦即,不是简单地用文字重复图表中的数字,而是阐述图表中数据对应的实际意义,以及变量间可能的相关性。

各种计算机软件的发展,使得做图成为一件相当容易的事情,对于精通做图技术的研究者,还应该抑制住炫技的欲望,要知道对于数据资料的表达,真实、简洁、清晰,既完备又没有冗余信息是基本要求。真实的数据如果不完备,常常会引起误读,而导致错误的理解,因此当研究者呈现出人数、百分比这类信息时,应该同时告诉读者样本量的多少;当使用均值描述小样本或非正态分布的样本时,也应提供中位数等其他统计量的信息;当建构某些模型时,也应该事先对所使用的样本数据加以说明。当研究者对量化研究资料的表达充斥多余的不必要的信息时,也会干扰读者对研究数据的理解,进而引发对研究者研究水平和专业性的质疑。

不同的统计分析方法,既有相似的表达方式,也有与相应方法相匹配的数据指标和分析模式,以及相应的表达方法。因此,对于不同的统计分析方法,在学习时,不仅要学习方法本身,也应掌握其不同的数据表达方式,以利于恰当地呈现研究结果。

小 结

对于量化研究的资料分析,研究者需要掌握数据分析软件和基本的统计分析方法作为准备条件。研究者如果要开展数据分析工作,至少应该掌握一种专业的数据分析软件。SPSS 作为社会科学领域最为普及的数据分析软件之一,可以作为学习的首选。统计分析方法如果能够系统地学习,对数据分析工作将大有裨益,文中关于描述性统计分析和相关性分析的内容,可以作检验学习效果之用。对于数据分析结果的呈现,一是要掌握基本的图和表的表达方式,二是要真正理解数据结果,对其进行准确深入的阐释。量化研究资料的呈现,要规范,要注意细节,更要传递准确真实的信息。

案例分析:准确细致地传递信息

案例论文以内容分析为主要方法,研究中涉及较多数据分析的内容,师生之间围绕相关内容进行过大量的讨论,在此不一一说明,只重点对写作表达加以举例说明,强调做量化研究资料分析时应该准确细致地呈现研究内容。

一、数据分析和表达时要注意的问题

2022 年 1 月 24 日学生发来第二稿,说明了修改情况。1 月 29 日老师在文稿中做了标注发给学生,并对应着标注做出了解释。

学生:老师,您上次提的几个点我改好啦,别的错字和表达也改了不少,有两个问题用蓝字标出来啦,就是如果差异显著性指标不高,但是本身数据也可以说明一个观点可以放上来吗?还有正文标题有些表述拿不定……

老师:我看完了,总的来讲,我觉得你有一点特别值得表扬,就是我上次跟你说了的,你都有很大的改观,这点是非常好的。这次问题并不是太大,但是有几个大的方向,我跟你说一下。文中我标了的那些你斟酌,因为我觉得都是属于说话不恰当,你自己读一下就知道了,然后你不明白的,你问我。你中间不是有两个标蓝的地方吗?有一个概值还是很小的,概值可以以 0.05 为界,但是实际上它在 0.05 水平下不显著,它如果在 0.1 以下,小于 0.1,那就是在 0.1 水平下是显著的,就是说它也有一定的显著性,所以这个也是可以的。

再有,就是你现在在做数据分析的时候,有一个比较大的问题。上次我说的你已经都改了很多了,但是现在还有一个问题,我们一般做检验,是把检验值和概值配着对呈现的,就是说你是在做的什么分析,那你就会把它的那个统计量放在那儿,然后,把概值也放在那儿,这两个是一对儿出来的。

另外就是说我们表述的时候,我们实际上要清楚地去表述,当然不用每一次都去说谁是自变量,谁是因变量,但是我们在表述的时候,都会很明确地去说,在不同的情况下,它们是有差异的,而不是说它们显著就完了,那到底是怎么个显著法?你还是要把它说清楚。就是说这一个变量作为区分变量或者作为自变量,它分别和其他的变量做了相关分析,得到了什么结果,或者说,它们这几个变量,你都做了两两的相关分析,然后发现哪个变量与其他变量都怎么怎么样,就一定要点明。

其实这些连接词也不是那么随便给它连上就行了,一定要让别人能看明白。反正我在读你这里的时候,我会觉得不太能够读懂,就是我猜你大概是怎么样,但是这样不行。我们写文章就是为了让别人读懂的,不是为了让别人猜的。所以数据分析基本上会是这样的一些问题……还有就是你的样本量,你的样本量一定要在每一个分析里边,样本量都要在图或者表里边标注出来。因为这样的话,别人才能知道你所说的可信度是多少,是怎么样的。没有样本量的话,你那百分之多少,可能都没有意义。

包括有热点和没热点这个问题,没热点的很少,那它即使有差异,它样本量很小的话,这中间能说明什么问题?再有一个,你总的来讲,你基本上是把前10%和后10%做对比分析,这是第一步,然后第二步又去着重分析了前10%的文章,再从中选取了一些例子。当然一些低阅读量的例子你也选了,就是这种逻辑,你得让它显现出来。

就是如果你这些在方法上完全没有交代,或者说你在行文当中,你不把这些样本量标出来,这首先是不合规范的,再有,就是别人就不知道你这个在做的是什么,因为他后边到细分的时候,样本量会变化的,那这个时候别人完全不知道你那30%是几个人,那这个时候这个百分之多少是没有任何意义的。

我觉得你现在文章写完了之后,你还是应该看看,一个是在文字表达上,怎么能让它更凝练一些。再有一个,我们到底想通过这样的一个分析说什么。所以我们可能就要把最主要的东西说出来,不一定面面俱到都说。所以这块儿你可以考虑有没有一些取舍的问题。这个我只是这么想,我倒没有具体的意见,因为你现在文章就比较长,而且这样的话,你该突出的主题,反倒不一定突出了。

以上意见供参考。

学生:嗯嗯明白啦,谢谢老师!我有时候就是写好了的东西舍不得删,就好像每一句都挺有用,哈哈哈……

二、图标的样本量和图的序号

关于第二稿的讨论内容比较细致,内容非常多,限于篇幅,大部分只好省略。2022年2月12日学生提交了论文第三稿,老师以图6-1为开端,说明量化研究资料呈现中的相关问题。

老师:你像这张图,就有两种表达方式,一种就是,把结合热点和没结合热点分别作为两个分母,然后去算各类的百分比。就是结合热点的10个个案中,这8种情况各有哪些,各有多少,然后比较另外一种情况。你现在实际上是拧着做的,你现在的是"活动更新"里边这两者各占多少,然后"人物特稿"里边这两者各占多少,那"活动更新"的数量是多少?"人物特稿"有多

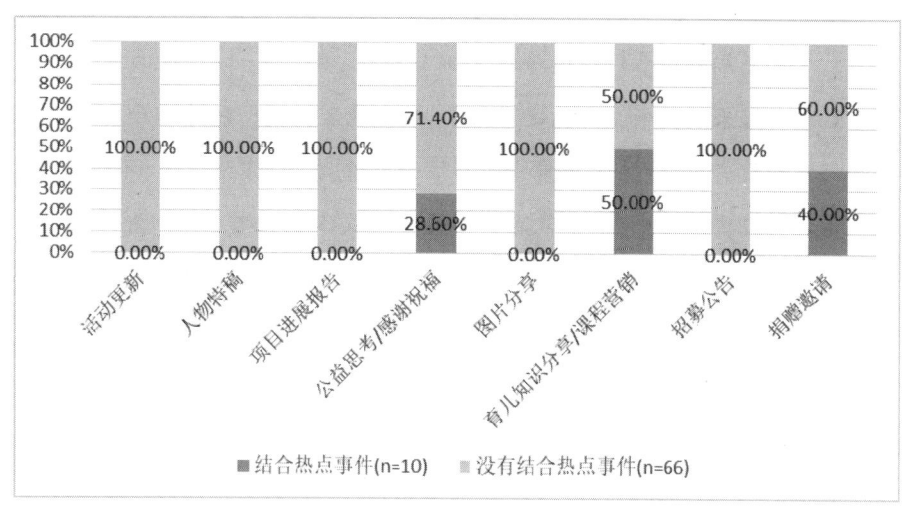

图 6-1　各主题类型文章的热点结合情况

少？这个文章的数量,现在就不知道。当然要是非得去算也能算出来,但是这个图就非常不直观,等于是扭着的。你的百分比和那个样本量,它其实是不对应的,就是我们说一个百分比,肯定是说,针对谁的、针对多少人的百分比。所以你这里,要不然用我刚刚说的第一种方法,要不然用你现在的这个图,但你就得把每一项 8 类的这种情况的样本量都标出来。

学生:嗯嗯,我明白啦!

老师:还有其他的图应该也有刚刚说的这种情况,你自己一个一个对一下。你就是看如果你作为读者,你看这样的一个图,你觉得有没有缺失的东西,有没有不明白的地方,如果有,那这个时候就需要调整,需要改。然后我刚刚发的那个(直接表达—表达与解读—表达释意),就是你的第二大点的那种标题,直接表达,就显得稍微硬、突兀了一点儿。而且其实你是不是还是有解读的意思,就是后边的那一块儿,所以你本意应该是表达与解读,但是这个,就和下边的隐含语境不太对应,所以你看看改成我现在最后的这个,表达释意或者类似的,就是稍微给它柔化一点,而且,就把你真正做的东西给它呈现出来。要不然现在等于你不光说的是表达,其实你还是做了分析的,那你这个分析怎么体现? 我觉得得体现出来。

学生:嗯嗯,我再想想怎么改改这些表达。我再看看图片,图片要每一项都能直观看出来对应的样本量。

老师：然后还有一个问题，就是表和图的序号，你现在这么写也没问题，就是从1一直编到最后。但是一般来讲写论文，类似1-1、2-1的编法比较好。这样看起来更清晰，而且，之后再改，也会比较方便。我之前没有说是因为咱们结构没有定，而且图总量也不多。对这个建议，你改也行，不改也行，但是为什么我要提出来，因为以后你写更长的文章的时候，或者说写图表特别多的文章的时候，这一点是非常有必要的，因为如果到时候你删一个加一个图表，整个文章就都要动，而你如果只是在某一个大点之下去编号，那你在做改动的时候就很容易。所以你要是能改的话，可以改一下，那样看起来就会更舒服一些。

其他的，我觉得我就不一字一句地给你说了，就是你到时候还是要通读一下，特别是重点的地方。重点的地方就是标题、摘要，还有每一个不管是章还是节的那个导语部分，或者是开场的部分，还有一些结束语的部分，就在文字上，都稍稍地去打磨一下，这样的话，就能让你的这个论文，看起来会更有品质一些。

学生：嗯嗯，我明白啦，图1-1、图2-1这种的话，按一个部分分可以吗？就是"二、直接表达"这个大标题下的图片都标2-1，2-2。

嗯嗯，我会好好打磨文字的。

思考与练习

1. 量化研究资料与质化研究资料的呈现方式有何不同？它们的相通之处有哪些？
2. 尝试学习Epidata软件，进行数据录入，并说明其录入数据功能的优点。
3. 一个定类变量如何转化成定距变量？请举例说明。
4. 思考描述性统计分析与相关性统计分析之间的关系，并举例说明。

第七章 毕业论文撰写

▶**要点提示**

1. 毕业论文写作规范
2. 毕业论文的撰写要求
3. 毕业论文的评价指标

一篇毕业论文的做与写相辅相成,不论是量化还是质化的研究,其研究设想、研究过程和研究结果最终要通过论文撰写呈现于世。毕业论文的撰写有其独特的规范化要求。既要满足规范化的要求,又要有新意,一篇优秀毕业论文在扎实地做的基础上,更要用心地写。

第一节 规范化写作

简单来说,规范即关于特定情境下人们应当或不应当做出某些行为的规则。规范化写作意味着,毕业论文的写作应该符合某些规则的要求,同时有不应该去做的事情。不应该做的事情有两个层次:一是底线不可逾越,如抄袭、剽窃等行为决不可为;二是不敷衍,要避免简陋的研究和粗糙的写作。前者在前文已有阐述,在此不再赘述,如欲避免后者则需认真研究毕业论文的具体要求。毕业论文与一般论文明显不同之处是毕业论文对规范化写作的要求更为严格,一般论文的结构或格式等方面的要求多是参考式的,而毕业论文的结构要求有明确规定,整体论文包括哪几方面的内容有明确规定,不可多也不能少。格式也如此,封面,封底,内文的字号、字体、行距等都有明确规定。可以说,毕业论文写作的条条框框定得非常严格。关于毕业论文的具体要求在此不一一罗列,读者可参看附录一中的相关内容,下文中的引文如无另外注释均出自附录一。

一、符合毕业论文规范

在毕业论文指导手册中,看似事无巨细都有着明确的规定,但那些看似严格的要求实际上是非常容易遵守的,只需按照每一条目的要求,套用现成的模板即可实现。毕业论文的内容要求包含"论文题目、中英文摘要(含关键词)、目录、正文、后记、参考文献、注释等",具体的"结构依次为:(1)封面;(2)中英文摘要(含关键词);(3)目录;(4)正文;(5)注释;(6)参考文献;(7)附录;(8)后记;(9)封底","封面颜色一般为白色,要按照学校统一规定的格式排版,论文题目是文章总体内容的体现,应简洁明确、有概括性,字数不宜超过 20 个字,可分为两行。""毕业论文用 A4 纸打印。页面设置的页边距为上:2.3cm,下:2.6 cm,左:3.0cm,右:2.3 cm。装订线位置一律在左侧。页码居中。"诸如此类的要求照着做就好了。

在这些方面出差错极不应该,属于评阅毕业论文时老师们常说的"犯低级错误,有硬伤",究其原因,主要是学生太不走心,疏忽大意。

注释的方式,以及图表表现在毕业论文指导手册中也都有明确的规范性要求,但这两方面的内容都充满细节,不小心很容易出错。在此建议,这些内容在初次做时就要按照规范来,以免留待最后检查时增添麻烦。

摘要和目录通常是论文审阅者高度关注的内容,这缘于两者在毕业论文中的位置和重要性。两者均在论文开篇部分,都单独成篇。"摘要是论文内容的简要陈述,应尽量反映论文的主要信息,内容包括研究目的、方法、成果、结论及意义等。中文摘要一般为 200-300 字,英文摘要应与中文摘要内容相对应。关键词一般为 3—5 个。""目录一般按二级标题编写,要求层次清晰,且要与正文标题一致。主要包括绪论(或前言)、正文主体、参考文献、后记等。'目录'两字三号黑体、居中,'目录'两字与正文空一行。"这样的规范性要求不是仅仅照着字面上的意思去做就算符合规范:对于摘要,字数的要求容易实现,但内容的要求有赖于论文作者对论文的整体认识理解,对语言驾轻就熟才能实现;对于目录,不仅仅是字号字体的规范,还要符合层次清晰的要求,使读者通过看目录就可以看到研究的整体思路,这不经过反复修改是不容易达成的。对于目录,有一种低级错误是目录中的标题与正文不一致,要避免此类错误的发生,首先要用编辑文档中自动生成目录的功能,其次要意识到正文标题的修改会牵连到目录,因此定稿前要对目录做出更新。

对于英文题目和摘要的翻译,格式上的规范要求容易实现,但内容上的要求很多学生会忽视。要知道有的答辩老师会专门关注相关内容,当被指出明显的机器翻译的错误时,想必论文作者的内心只剩尴尬二字了吧。但是这种情况是完全可以避免,且应该杜绝的。

二、注意行文规范

在毕业论文撰写时有些错误绝不该出现却屡见不鲜,即错别字频出、格式混乱、词不达意,这些问题反映的是学生较低的写作水平,加之敷衍的写作态度,务必注意。态度端正的前提下,行文规范方面应注意以下问题。

首先,注意基本的写作要求。正确使用字词,恰当使用标点符号,使用中文的语序、修辞方式等。这需要基本的写作知识和写作积累,也需要一些写作习惯和技术支持。如果我们养成写完一段就去回看、斟酌的习惯,自然能够发现那些低级错误。我在课上会提醒同学,在写作时打开WORD文档中的字词检查工具,它能够帮助我们识别一般的错误语句,这样就能大大降低错别字、语法错误的发生率。好的习惯加上工具的配合使用,基本的行文规范不难达到。

其次,遵守约定俗成的表达方式。尽管毕业论文工作手册会对诸如"文字、表格、图、公式、标点符号、数字用法、量和单位等有具体要求",但通常这些要求做不到完备,面面俱到。此时,我们要遵守一般的约定俗成的表达要求来写作。比如关于图表的标题,表的标题在表上,图的标题在图下,在一般的出版物中都是这样体现的,所以,即使毕业论文工作手册中没有关于图表标题的具体要求,也应按照一般的出版物要求来做。包括之前提到的,统计分析的表格、统计量、假设检验的结果的呈现,都有相对固定的表达方式,在涉及相关内容时,要按照模式化的表达方式来做:该呈现样本量就要呈现样本量,用固有的字母表达专门的统计量,概值与统计量配对出现等。只有这样遵守专业化表达的方式,才能够保证传达的信息既完备又不冗余,体现论文作者的专业化水平，具备在专业化平台与读者对话的能力。

再次，恪守写作伦理。对于毕业论文写作，不有意抄袭和剽窃是基本的伦理道德底线。我们更要注意的是无意的抄袭或剽窃行为的发生，忠实原文的引用并加以严谨的符合规范的注释，是避免此类情况发生的有效措施。目前毕业论文提交时都要求提交相应的查重报告，对查重率也有明文限定，不能高于一定数值。查重报告只是在一定程度上起到警醒的作用，论文作者的文化自觉才是避免出现前述问题的关键。我们应该意识到抄袭和剽窃不仅是对原作者的不尊重，也是缺乏自尊、压抑自身创造力的表现，须谨记！

规范化是毕业论文写作的基本要求。以上种种的规范化要求，如果都能够做到，再加上论文作者对文字的反复斟酌、打磨，必定能够完成一篇既符合规范又有很强可读性的毕业论文，这正是论文作者所期望的。

第二节　优秀毕业论文的标准

行文至文末，我们有必要述及毕业论文的评价标准。有两个选择，一是合格毕业论文的标准，毕竟学生写出一篇合格的毕业论文就能够毕业；二是优秀毕业论文的标准，在此选择了优秀毕业论文的标准作为本节的标题。毕竟，回想从小到大每次的备考，大多数人应该都是按照百分的标准去复习的，最终得到合格以上的成绩。毕业论文可以说是学生本科学习期间的最后一次考试，所以我们有理由按照优秀毕业论文的标准去准备，尽力而为。

中国传媒大学本科毕业论文工作手册给出了毕业论文评分的几个参考方面和所占分值，后文括号中数字是以百分制为计所占的分值：论文选题(10)、文献资料(20)、综合知识与技能的运用(20)、写作水平(30)、学术水平(10)、格式规范化(10)。我们自然可以按照它的标准来解读。不过回看我们在本教材绪论中阐述的关于毕业论文的认识，结合上述这几个方面，我们可以从"做"和"写"两个维度来综合地评价毕业论文。

一、毕业论文"做"的评价标准

毕业论文的"做"几乎体现在毕业论文的全过程,但尤其体现在毕业论文的前期和中期,前期的论文选题和文献资料的收集、整理及应用,奠定了毕业论文的写作基础,优秀的标准如下:

"论文选题角度新颖,富于创造性,具有较高的理论水平和现实意义""文献资料:使用材料翔实、恰当,掌握大量的背景资料和数据"。

可以看到,上述标准是概念化的结果导向。本教材在论文选题和文献资料方面都安排了一章的内容进行阐述。读者可以回看第三章和第四章的内容,那里提供了如何达到上述要求的思路和方法,比照于此,落于实处,把有创想的选题过程、扎实完备的文献资料体现在毕业论文当中,自然会达成上述要求。

做毕业论文的中期,需要综合知识与技能的运用,其优秀的标准是"能在问题研究中综合运用专业知识以及计算机、英语等各方面的能力"。教材中第五章的内容应该能够回应此标准,选择合适恰当的方法,真正去解决提出的研究问题,结合第六章和第七章提供的研究资料的分析及呈现方法,将完整的研究过程清晰呈现。

做毕业论文的整体过程和结果反映的是论文作者的学术水平,学术水平优秀的标准是"有独到的个人见解,学术性较强",强调的是做毕业论文时,从选题开始至行文结束,一以贯之的独立思考和综合能力的体现。做好论文的同时还要写好论文。

二、毕业论文"写"的评价标准

当评阅者看到一篇毕业论文的摘要或目录中出现错别字以及序号和字体的错误时,他对论文的评价会大大降低,这样的论文肯定和优秀的成绩相去甚远。关于优秀毕业论文在"写"的方面至少有两方面的要求,一是格式规范化,"论文格式符合要求,打印清晰漂亮,无错别字,达到正式出版物水平。"二是写作水平,"理论分析准确,逻辑严密,层次清楚,结构合理,语言流畅。"

本章第一节中的两点内容分别回应了关于格式规范化和写作水平的要求。前者需要态度和技术,后者需要态度和积累。总之态度很重要。要在毕业论文"写"的方面达成优秀,要严谨认真,要对自己有要求,也需要花费大量的时间,这与绪论中提出的"从容地"做毕业论文相呼应。

写作水平的积累,需要经年累月的学习,不太可能一蹴而就。但写好毕业论文是提升写作水平的重要机会,通过学习和写作实践,有可能发生从量变到质变的飞跃,因为毕业论文写作的工作量还是相对较大的。同学们也应该学会学习,时下网上资源很多,有些被同学当作样板的论文水平并不高,不宜盲目借鉴。所以同学们应该尽可能多地请教指导教师,在老师的指导下,让自己在做和写毕业论文的过程当中在专业、写作、思维方面有所收获。

经过论文研究的"做",研究者应该对研究选题和研究内容有所感悟,有所思考,形成研究结论。在写的过程中,应该在谋篇布局中,在娓娓道来中,把相关的内容尽可能充分地呈现出来。在此想强调两个方面的内容:一是实证资料的呈现,二是结论的重要性。

关于实证资料的分析与呈现,前面已有章节专门阐述,这里要强调的是,在研究过程中,研究者可能获得了丰富鲜活的实证资料,并据此思考论证,结合其他资料的分析得出研究结论。这些鲜活的实证资料本身作为例证往往是非常值得呈现出来的,研究者应该有这样的自觉,即尽可能以各种方式将有价值的原始的实证资料在论文中加以体现。举一个我作为研究者的例子:十年前我做过一个 90 后大学生网络化生活研究项目,在阅读和讨论深度访谈资料时,一位同学对同宿舍农村同学的描述令人动容,我当即决定,这段访谈记录一定要写在研究报告中。

> 西安姚同学向采访者描述了自己与同班一农村同学的对话经历,这次经历使他深刻感觉到他们"没有活在一个世界里",姚同学提到"那天我就定了闹钟,(早上)4 点爬起来(上网)偷菜,结果那个女孩可能没听懂什么意思,她就回了一句,我妈妈每天早上也是 4 点起来收菜",这件事不仅让姚同学感受深刻,也让我们认识到城乡差异巨大的冷峻现实。①

以上文字作为例证之一,用在研究报告结论部分阐述城市和农村的 90 后大学生

---

① 黄升民,丁俊杰,黄京华,等.2012IMI 90 后大学生网络化生活研究报告[M].北京:中国广播电视出版社,2012:353.

在思想观念、互联网使用行为、消费行为和生活形态各方面均存在差异。

关于研究结论想强调的是，研究结论是研究的最终目标，研究结论的撰写不仅是论文形式的要求，更是研究内容的必然体现。因此撰写研究结论时，不能只是进行之前各章节小结的简单汇总，也不能是空洞的与研究不甚相关的空话套话，而应该是由研究生发的有价值的现象描述和观点阐述，以及进一步的启发思考。让我们用一段关于科研精神的讨论来结束本教材，它也在一定程度上回应了为什么做毕业论文和怎么做毕业论文：

> 正如我们已经说过的，除了科学研究，还有很多方法也能获得好的结论：我们可以依靠直觉、情感，甚至灵感。但是我们用这些方法得到的真理只是个人的。当我们要其他人接受它们并按照它们行事时，我们不能把自己的感受作为证据去说服别人，我们只能要求别人无条件地相信源于我们内心的经验和主张。
>
> 然而，我们科学研究得出的真理以及获得真理的过程必须公之于众。我们的研究主张基于每一个人都可以获得的证据以及逻辑推理的基本原理，我们希望读者可以视为合理而接受。然后读者可以用他们或其他人能够想出来的一切办法来检验所有的证据和推理。那是一个很高的标准，但如果我们希望其他人把他们的理解、行动，甚至他们的生活都建立在我们要他们相信的东西上，就必须如此。[①]

小　结

规范化写作是毕业论文的基本要求。规范化写作有据可依，有章可循，对于格式、结构等方面的内容只需按照毕业论文工作手册中的要求照做即可，需要细致和耐心，也需要些编辑技术的加持。对于整体写作方面的规范，特别是行文方面的规范化要求，需要平时的积累和严谨的治学态度。要写出一篇合格的毕业论文，应该比照优秀

---

① 杜拉宾.芝加哥论文写作指南[M].雷蕾,译.北京:新华出版社,2015:145.

毕业论文的要求去做。优秀毕业论文在"做"和"写"的方面都有着明确的要求,为了达成相应的要求,论文作者应按照本教材各个章节的内容去学习和实践。

案例分析:先有后好,论文是改出来的

论文初步完成后要做的工作就是进一步修改文稿,使之行文流畅,简洁清晰。笔者强调的一个方法,"就是你想明白之后,你就把你想到的写出来,写完了之后再去润色,再去给它提炼修改。所以你现在在改这个的时候,你虽然已经有了这种文本,但是我觉得你还是要好好想清楚,这一段我到底想说什么,把想说的想明白之后,然后再逐字逐句把自己想说的表达出来。"经历过如上的写作过程,案例论文修改到第四稿时基本定稿。论文写作至此,我们看看还有什么工作要做。

一、关于第四稿摘要等内容的讨论

2022年3月16日,学生发来第四稿论文,全文40409字,摘要643字。以下是第四稿摘要部分的文字:

> 伴随"技术上升"和"场景下沉",社交媒体制造了互联网时代独特的"参与文化","人人公益""指尖公益"得以成为现实,一场"跨越时空"的公益盛宴就此拉开帷幕。公益组织集聚微信,利用公众号以固定的公益模块进行资讯传播,构建出具有品牌特色的公益符号叙事。
>
> 本研究以A社区微信公众号为对象,旨在探索公益品牌传播中的符号叙事,分析影响传播效果的主要因素,理解传受双方的意义互动。本研究基于符号学视角,方法上以内容分析法为主,文本分析法为辅,着眼于A社区微信内容的外延意义(直接表达面)和内涵意义(含蓄意指面)。
>
> 研究发现阅读量、点赞量等数据除了受到外在属性和细节内容如:发布时间、头图、主题类型、语言风格等影响,受众对文章的参与度还受内容的公益性及符号聚合的影响。
>
> 对此,本研究从传播者、接受者及传受双方共同心理的角度探究其成因。从传播者的角度看,特定情节单元塑造出"符号化"的人物角色,"强公益性"文章聚合成含有放大功能的"公益透视镜",特别互动形式营造出有趣的公益社交场景。加之基于目标受众的热点选择,立足纵聚合的人物文章创新,

以及围绕公益性的内容选材,这些都是公益传播"取胜"的不二法宝。从接受者的角度研究发现,参与微信公益互动是个体社会关切的表达,群体成员借此积蓄情感能量,增强集体团结和认同,为公益传播积蓄力量。从传受双方共同心理的角度看,公益传播是一次由受众主导的符号之约,微信有助于增强受众的公益在场感,并形成对公益组织和弱势群体从情感到行为的支持链,实现高效的共享的公益传播。

特意将摘要部分的内容摘录于上,是因为后面的讨论很多是围绕摘要展开的。以下是我们关于第四稿论文的讨论:

学生:老师我主要是改了点语言措辞,图表的标注也改了,想删减一些地方但是下不去手,感觉想说的东西好多,自己都没搞清楚什么是最应该突出的重点,也许第三部分隐含语境中关于符号的这块应该是更想突出的,但是第二部分那个直接表达面做了这么多内容分析又舍不得删……

如果论文是这个篇幅的话可行吗?还是说会影响老师的阅读体验?我需要再删删吗?

老师:其实你不用删改,你不用本着去改它的量去做。你的目的,应该是精炼你的文字。我不知道你能不能体会这个,就是你的有些表达不是那么中国化,也不是直接的那种。其实有的时候,很简洁有力的文字才会让人有比较好的阅读感觉,我觉得你要在这个方面再下些功夫。等我有空,我给你仔细看一下,然后我给你举个例子你就明白了。

再补充说一下,你可以自己读读,比如说你就读摘要,你给它读出声来,当然我指的是在你心里,你就好像读出声来一样的,你感觉一下就知道了,怎么能写得更准确,更凝练一些。

学生:嗯嗯,就是我写的时候总是会考虑语言的生动性,就是努力让它不那么平实,所以我会有一些排比、比喻之类的。就是说我现在要尽量精炼准确,不那么花里胡哨对吗?

老师:不是这么理解的,我看看论文再说。

学生:嗯嗯,您先忙,我再自己悟一悟。谢谢老师!

老师：我今天下午是凭着我以前看你的那个论文的印象来留的语音，我刚刚看了一下你的这个摘要。因为得抽时间看，所以我先给你举个例子，你就明白我今天下午说的是什么意思了。我的意思就是说，你现在可以让你的这种表达更精准、更顺畅。不是说一定要改，因为有的时候就是要写成这种感觉。但是，你可以去反复斟酌，我是这个意思。

比如摘要的第一段的第二行说"人人公益""指尖公益"得以成为现实。这没问题，这个意思是对的，换成"得以实现"也是可以的。那么，这两种里边你就会去选一种来说，而不是说就用这个"成为现实"。你可能选完了之后还是那么写，但是，你有这样的一个选的过程，你可能就会清楚自己到底要一种什么样的感觉。

如果刚才那个属于精益求精，那我觉得像第二段你自己这么读下来，会发现它是不是很流畅，或者说是不是把想说的说准确了。你看，就是你现在写本研究以 A 社区微信公众号为对象，旨在怎么怎么。其实我觉得要是我写的话，我就是要开宗明义地去说，我这个研究是要研究什么，所以我会上来说，本研究旨在怎么怎么样，后边我再去说它是以什么为研究对象，因为你一定要先说重点。

然后"旨在探索公益品牌中的符号叙事，分析影响传播效果的主要因素"，你虽然在研究当中涉及了影响传播效果的主要因素，但是这是你的重点吗？好像从目录、题目并不太能看出来，所以，如果这么说，好像就一下分散了。其实我倒感觉应该是，旨在探索公益品牌传播中符号叙事的什么什么，应该是在这个帽子之下的东西，当然你可能会涉及它的传播效果，所以中间的这种逻辑，你要用语言把它表达清楚。

我觉得要是改，就会说本研究旨在探索公益品牌传播中符号叙事的什么什么，然后理解传授双方的意义互动。还有，下边一段里就没必要写两个"本研究"了，那就是研究基于符号学视角，以 A 社区微信公众号为对象，当然这俩你把哪个放前面都可以。就是说，要把这些你想表达的东西，哪个是主要的，它们之间的关系是怎么样的一个递进，你用文字再给它顺一下。

我说的你其实都说到了，但是，感觉还可以规整得更好，这是我的一个想法，并不是你说的要活泼也好，或者是严肃也好，我觉得不是那样的意思，重点是你得让它更顺畅,读起来比较流畅。你比如说你这一段两个"本研究",这个疏离感一下就出来了。如果说本研究怎么怎么样,研究怎么怎么样,这一来它就是顺的。

你再体会一下。我刚刚说的是比较高的要求,你自己适度把握就好。

学生:嗯嗯,谢谢老师!我应该理解啦,我会尽量让语言更流畅,逻辑更通顺,文字更凝练。

您辛苦啦,早点休息吧~我再自己好好改改。

老师:对的。我也会再抽空看。

2022年3月17日,接续头天的话题继续讨论,老师对包含摘要在内的文字修改提出了更多的建议:

老师:论文大标题中的注1是不是放在正文第一次出现处好些?你确认下。

学生:嗯嗯好的!谢谢老师。

老师:摘要的第二三自然段合并之后顺一下,大概会比现在流畅。

学生:嗯嗯,我再按照您昨天的建议顺一顺~

二、关于第四稿目录等内容的讨论

结合着如下图所示的第四稿中目录里第二点的标题(括号中文本是老师的修改建议),对论文修改的要求也做了一定的探讨:

老师:我再给你举一个例子,然后剩下的我就不给你看了,因为其实你做的这个,是很有想法的,也比较完整,但是,你在写的时候,会把很多先验性的东西糅合进来。糅合进来其实是没有关系的,但是,你的研究体现在哪里,这个很重要,这是第一点。然后第二点,其实这个是你以后写文章的时候也要注意的,就是说你在表达的时候,你可能是想到了,但是你不能把它说得特别明确。

我不是说要你照着我这样来改,其实你像你第一点说,热点未必热,好像

> 三、公益传播内涵意义：活力社区公众号的隐含语境
>> (一) 公益品牌传播的符号表征
>> 1. 热点未必热——文章热点结合与互动量（结合热点——强蹭热点带不动互动量）
>> 2. 公益透视镜——内容中的公益符号（公益内容——信息直递增强互动量）
>> 3. 公益社交场景——特别互动和创新展现形式
>> 4. 共同表意空间——特殊符号的使用

图 7-1 案例论文目录局部截图

没有什么问题，但是这个东西也没有什么，就放之四海而皆准，那这个就没有什么意义。然后你破折号后边那个补充，补充了什么？就是补充了你做的这个分析，其实我倒觉得应该倒置过来的。所以就是这样的一个想法，包括公益透视镜，这个等于是既有的结论，既有的结论，你内容中的公益符号也没有说什么。

包括你的那个第二点，还有第三点，你在开场白都说了，说下边是这个结论中的观点，但实际上你下文都不是直接的观点，你是分析，只有这几个是所谓的观点。所以，你其实写的时候是写了观点的，但是它不是下文，人家一看肯定是要看你的第一点，第二点，但是一看，这不是观点。你在行文中一定要注意准确和清晰，我觉得你把握住这两点，适当地在行文上删减一下。

学生：嗯嗯，明白啦，是不是这样理解，就是把观点什么的表达得更直白，开宗明义。

比如第三点改成：展现形式——公益社交场景提升互动趣味；第四点改成：特殊符号——共同表意空间加强群体凝聚力。

老师：第三、四点倒不用改。

学生：哦哦，我是觉得第三、四点会不会还是不够直接清晰。

老师：实际上你这四点我都看了，我那个一二点都是比照着你那三四点来弄的，所以其实你不用说一定按照我的那个那么改，但是我给你举这个例子，就是说你如果想工整，可以，这样的排比也可以，但是，你一定要把每一个你想表达的东西说清楚。

因为第三点，在你前边的这个主题之后，你是说用这两种方式来体现，然后后边的第四点也是，是特殊符号的应用，所以这样的理解，这么直接看是可

以看得出来的。

就是它和第一点第二点不太一样,你第一点第二点是没有结果的,对,你那热点不热是个结果,但是,我是说这个有点儿泛,可以给它指得更明确,就这个意思。所以你可以再好好地斟酌一下看看,而且要不要用这种方式,其实你都可以斟酌。

我刚刚说的这种方式就是指的这个,前边点名研究的范畴,后边说结论,要不要用这种方式,你都可以再斟酌,就是看看怎么能把它说清楚。要不然你比如说别人拿着目录一看,并不知道这块儿在说什么。

学生:嗯嗯,明白啦。

老师:对,就要让人家一看标题就知道你是在说什么,而不应该让人疑惑:这是要说什么? 就这个意思。

学生:谢谢老师,就是原本我的那个想法也是,就是比如说热点未必热,我是想把结论放在前面,后面做研究范畴这样的,但是可能就是您说得太笼统,不够清晰。我觉得您现在建议我改的这个方式,可能还要再结合一下,比如说它这个部分就是属于公益品牌传播的符号表征,可能我需要再结合一下,就是前面这个结论怎么体现它是属于符号表征的这个范畴,这样的话可能会更清晰一点,谢谢老师。

我刚刚给您发的,就是我想把第三、四点也改了,这样的话,结合热点公益内容展现形式和特殊符号,它都属于这个公益品牌传播的符号的体现。后面这半句都是它的表征的内容,就是我研究出来的结论,表征到底是什么东西,还有它对品牌公益传播的意义,就是比如说什么加强群体凝聚力,然后提升互动趣味性,增强互动量之类的,这个就是后半句。

老师:是的,这样可以。

学生:嗯嗯,谢谢老师提点!我之前都没怎么注意这个问题……

辛苦您啦,我自己再仔细看看,想想,改改~

三、关于第五稿摘要等内容的讨论

2022年3月25日,学生提交了第五稿,全文共38173字,摘要588字。第五稿论文的摘要如下:

伴随"技术上升"和"场景下沉",社交媒体制造了互联网时代独特的"参与文化","人人公益""指尖公益"得以实现,一场"跨越时空"的公益盛宴就此拉开帷幕。公益组织集聚微信,利用公众号以固定的公益模块进行资讯传播,构建出具有品牌特色的公益符号叙事。

本研究旨在探索公益品牌传播中符号叙事的外延和内涵,理解传受双方的意义互动。研究基于符号学视角,以活力社区微信公众号为对象,结合内容分析法和文本分析法,着眼于活力社区微信内容的直接表达面和含蓄意指面。内容分析结果表明,阅读量、点赞量等数据除了受到外在属性和细节内容如发布时间、头图、主题类型、语言风格等影响,受众对文章的参与度还受内容的公益性及符号聚合的影响。

对此,笔者从传播者、接受者及传受双方共同心理的角度探究其成因。从传播者角度看,主题内容方面采用"强公益性"的题材、从受众视角结合热点、通过特定情节单元塑造符号化人物、立足纵聚合创新故事情节;形式风格方面运用特别互动形式营造趣味化公益社交场景,这些都是公益传播"取胜"的不二法宝。对于接受者来说,参与微信公益互动一方面是个体社会关切的表达,另一方面是群体成员积蓄情感能量、增强集体团结和认同的方式。从传受双方共同心理的角度出发,公益传播是一次由受众主导的符号之约,微信作为交流媒介有助于增强受众的在场感,形成从情感到行为的公益支持链,传受双方实现高效、共享的公益沟通。

由上可见,与第四稿的摘要相比,第五稿的摘要主体未变,但做了很多微调。至此论文写作进入尾声,最后的讨论如下:

学生:老师早呀,我又把语言一点点改了,果然字数它就少了,哈哈,感觉自己读着也通畅了些。

老师:好,我再看看你就可以提交了。

学生:嗯嗯,谢谢老师~

老师:我觉得你真的还是挺有潜力的,你以后还可以有很大的提升。为什么这么说,因为我每次给你讲完了之后,我觉得你都能完全地领会,然后都能修改得更好。我刚才是看了你的这个目录和摘要,我想我重点就看这两个地方,因为我上次也是集中在这两个地方来跟你说的。那么现在,就是这个小标点,你稍微注意一下,你现在是用分号还是用逗号,因为用分号似乎更清楚,但是其实它有点儿打断的意思了,因为你后边实际上是直接说的,所以这儿是不是用逗号就可以。

你考虑一下,我觉得其他的我就不用再看了,其他的都很好,如果你觉得就是分号更好,那也可以,我是在读的时候,觉得稍微有一点不那么顺畅。

然后就可以提交了。

学生:哇,谢谢老师,这真是对我很大的鼓励。

我再想想那个标点,因为我是按照前面是主题内容方面,后面是形式风格方面这样想的,所以用分号。但是我都写出来这两个方面了,估计像您建议的用逗号保持阅读的连贯性会更好!

老师:对,我明白你的意思,我知道你为什么用分号,但是我正是因为知道,所以才让你斟酌,因为逗号也可以表达,而用分号就打断它的那种语感了。对,你斟酌一下,这个其实如果从规范上来讲,好像用分号更好,但是我觉得从流畅性上来讲,用逗号更好。我多说两句,其实我最开始看到你的初稿,因为选题咱们上课讨论过,我觉得还是很不错的,但是我看到你的初稿的时候,我其实有点儿发愁,就是写作上别扭的地方很多,不过后面我给你的每次提示,我觉得你都有一个回应,回应得很好,尤其这样一次一次地改,我觉得到这一稿,至少从格式上,从这种语感上,其实都好得多了。但是这个东西其实我们要达到更好,肯定你还是有些地方可以再做得更好,你自己要有这个意识,就是在写作上和思维上,怎么能让它更清晰,然后表达得更清楚,在更清楚的前提下去加一些自己的风格也好,或者是怎么样,这些东西都是主动来做,就是说我想让它简洁,它就能简洁;我想让它繁复,它就能繁复。穿插着来,这样阅读者就会觉得这个人写东西还挺好。

学生:嗯嗯,明白啦!谢谢老师,这样一点一点改真的学到很多,您别嫌我烦就好。

老师:当然不会烦。欣喜。

思考与练习

1.何谓规范化的论文写作？其对论文写作的意义何在？

2.如何理解摘要的作用？如何写好摘要？

3.对于案例分析中探讨的内容，哪一点给你启发最大？为什么？

附录一：中国传媒大学毕业论文工作手册[①]（节录）

一、指导思想

（一）毕业论文(设计、创作)的基本教学目的是培养学生综合运用所学知识和技能，提高分析与解决实际问题的能力，在实践中培养学生勇于探索的创新精神，严肃认真的科学态度和严谨求实的工作作风，增强对所学专业的热爱，提升团队精神和个人责任感。

（二）毕业论文(设计、创作)应从各专业的培养目标出发，体现专业性、时代性、规范性的特点，具有一定的深度和广度，有利于学生得到全面的训练，培养学生实践能力、创新能力和独立工作能力。

（三）根据我校学科特点，兼顾不同专业具体要求，毕业论文(设计、创作)的管理按照统一要求与分类指导相结合的原则。

二、组织管理(略)

三、对指导教师的要求(略)

四、对评阅教师的要求(略)

五、对学生的要求(略)

六、过程要求

本科毕业论文一般要经过选题、收集资料、进行科学实验、编写论文提纲、撰写初稿、修改定稿等几个阶段，要求指导教师与学生经常进行交流，逐个层次地对学生进行论文写作的基础性训练，使学生掌握学术论文写作的基本方法，培养其学术研究的素养，进行创新能力的训练。

[①] 参看中国传媒大学官方网站：http://jwc.cuc.edu.cn/987/list2.htm。

(一)毕业论文(设计、创作)的选题原则

1.选题的基本原则

(1)选题应符合本专业培养目标要求,工作量和难度要适当。

(2)选题必须能够表达学生对所学专业理论和专业技能知识的认识和体验。

(3)注意外语能力和计算机应用能力的培养。

2.原则上每人一题,由各专业毕业论文(设计、创作)指导小组根据培养目标要求和学生学业特长确定。

3.选题结果报经教研室认定,报学院备案。选题一旦确定,原则上不宜变更。确需改变题目内容的,需经学院批准。

(二)资料收集与科学实验

占有丰富的资料是写出高质量论文的基础,这就要求学生在毕业论文写作以前广泛收集与论文有关的资料,了解学术理论界对自己要研究的问题的研究程度,避免低水平重复基础性工作,避免侵犯别人的知识产权。

指导教师在学生收集资料和科学实验的过程中应对学生进行具体指导,使学生掌握各种收集资料和科学实验的方法,为学生提供必要的参考书目和实验条件。

(三)编写提纲和撰写论文

各学院要根据自己专业的特点制定关于提纲和论文撰写的时间安排和各环节的要求,教师要规定时间与学生见面,对其写作进行指导。

学生如不按照学校的要求逐个环节撰写论文而直接提交论文的,不能参加论文答辩,不能获得相应学分。

毕业论文应在指导教师指导下认真修改,保证论文质量。

各学院可根据本专业的情况,在学生对英文参考资料进行翻译这一环节作不同程度的要求。

中国传媒大学本科毕业生毕业论文(设计、创作)时间安排

时间	内容	要求
第7学期		在执行培养计划规定的课堂教学任务外,要进行毕业论文(设计、创作)任务的布置、毕业论文(设计、创作)开题等教学工作。
第9-16周	确定毕业论文(设计、创作)选题及资料收集阶段。	1.指导教师培训。 2.学生动员,相关讲座。 3.选题审定。 4.教师对资料收集的指导。

续表

时间	内容	要求
第17周	毕业论文(设计、创作)中英文题目及指导教师名单汇总。	各学院向教务处提交以下材料：毕业论文(设计、创作)情况一览表，包括选题及指导教师情况(其中指导教师要包含专职教师、外聘教师及其职称)。
第8学期	这阶段主要进行毕业论文(设计、创作)实施及其评阅、答辩和成绩评定等教学工作。	
5月中旬之前	毕业论文(设计、创作)的完成阶段。	学生在指导教师的指导下，围绕课题进行实验、理论研究等各种工作，并完成毕业论文(设计、创作)。
每年4月	中期检查。	中期检查(可在期中教学检查中进行)。学院组织对毕业论文进度、质量、学生工作态度、指导教师责任心等进行具体检查。教务处也将随机抽查学生毕业论文的进度、查阅学院自查报告等，并通报检查结果。学院写出中期检查小结报教务处。
5月21日—6月5日	毕业论文(设计、创作)工作答辩阶段。	学院组织进行答辩，按照毕业论文要求和标准公正评分。答辩期间教务处将派有关人员随机听取答辩并检查答辩情况。
6月7日之前	毕业论文(设计、创作)工作成绩评定阶段。	向教务处提交毕业论文(设计、创作)的成绩：提交毕业论文(设计、创作)情况一览表(含毕业论文成绩、学生学号、姓名、论文题目、指导教师、职称)。
6月30日之前	毕业论文(设计、创作)工作总结阶段。	向教务处提交以下材料：1.各学院对毕业论文(设计、创作)工作进行总结，并写出毕业论文(设计、创作)总结材料(含总体状况、经验、不足等)，报教务处。2.各学院做好毕业论文(设计、创作)评优工作，对表现突出的指导教师予以表彰和奖励。3.存留毕业论文(设计、创作)电子版。
备注：		

七、答辩要求(略)

八、评分要求

(一) 指导教师评阅

指导教师应对学生的毕业论文(设计、作品)进行认真、全面的审查，并认真写出《毕业论文(设计、创作)评语》，评语的书写要客观、公正，体现论文的真实水平。

(二) 评阅人评阅

由答辩委员会聘请评阅人对毕业论文(设计、作品)进行认真细致的评阅，并写出《毕业论文(设计、创作)评议书》，评语的书写要客观、公正，体现论文的真实水平。

(三) 最终成绩评定

毕业论文(设计)成绩评定，采用五级记分制(优秀、良好、中等、及格、不及格)。一般优秀毕业论文(设计、创作)比例不超过20%。

（四）评分要严肃认真，坚持标准，着重考核学生基本理论的掌握程度，分析解决问题的能力以及进行设计、理论研究的独立工作能力，反映学生真实的业务水平。

（五）《中国传媒大学本科毕业论文（设计、创作）评分标准》（供参考）

	优	良	中	及格	不及格	最高分
论文选题	论文选题角度新颖，富于创造性，具有较高的理论水平和现实意义	中心论题明确，有一定的理论水平和应用价值	中心论题基本明确，能结合专业理论学习和社会实践	论文选题与专业基本相关，但理论水平和应用性较差	论文选题无理论和现实意义，与专业无关	10
文献资料	使用材料翔实、恰当，掌握大量的背景资料和数据	有比较丰富的文献材料和较充足的理论依据	持论有据	理论根据及客观材料有少部分欠缺	缺乏理论根据，客观材料空泛	20
综合知识与技能的运用	能在问题研究中综合运用专业知识以及计算机、英语等各方面的能力	能运用专业理论以及计算机、英语等各方面能力。有较好的理论基础和专业知识	基础知识和综合能力一般，但能独立完成论文	基础知识和综合能力较差，经过努力可在教师指导下完成论文	缺乏应有的专业基础知识和综合能力，不能独立完成论文	20
写作水平	理论分析准确，逻辑严密，层次清楚，结构合理，语言流畅	理论分析恰当，条理清楚，层次比较清楚，语言通顺	条理清楚，有一定的分析能力和说服力，有少许语病	材料陈述较为清楚，但分析力不强，个别地方语言不通顺	分析能力差，论证不准确，材料简单堆砌。语言不准确	30
学术水平	有独到的个人见解，学术性较强	有一定的个人见解和学术性	能从个人角度分析和解决问题	无明显的个人见解	结论观点有错误	10
格式规范化	论文格式符合要求，打印清晰漂亮，无错别字，达到正式出版物水平	格式基本符合要求，有个别错误，打印清楚，基本达到正式出版物水平	内容提要和正文基本符合要求，但注释和参考文献格式有问题，打印基本清楚	行文基本规范，但不符合学校规定的要求	论文的格式不规范、打印不清晰	10
学生毕业论文总成绩：						

九、中期检查（略）

十、总结（略）

十一、基本规范及格式要求

（一）毕业论文（设计）基本规范要求

1.毕业论文（设计）内容包含论文（设计）题目、中英文摘要（含关键词）、目录、正文、后记、参考文献、注释等。

2.学生毕业论文的撰写须在指导老师指导下独立完成，论文要有明确的主题和完整的论述，论点明确，论据充分可靠，语句通顺，逻辑性强，格式规范。

（二）艺术类的毕业创作（设计）基本规范要求

1.毕业创作(设计)的选题倡导题材广泛性、风格多样性与独立创造性相结合,既鼓励弘扬主旋律,也提倡内容多样化,倡导健康文明的生活内容和深入完整的艺术语言表达。

2.学院召集相关专业具备专业创作(设计)指导能力的教师组成指导小组,对学生毕业创作(设计)进行指导。

3.毕业创作(设计)必须由毕业生本人在指导教师的指导下按要求完成,且必须符合本专业教学要求。

(三)艺术类毕业演出活动基本规范要求

1.毕业演出内容要结合本专业特色,在传统基础上不断创新。

2.讲师及讲师以上职称教师组成毕业演出选题指导小组,对学生演出内容具体把关。学生在指导教师指导下进行排演。

3.毕业演出严禁抄袭、照搬现成作品,鼓励原创,模仿作品要在原作品上有所创新。

4.毕业演出可以公开的舞台演出形式进行,演出规模视实际情况而定,演出需保留相关的演出视频资料。

毕业论文(设计、创作)要按照学校制定的《中国传媒大学本科生毕业论文写作规范》来进行。理工类毕业设计中的论文部分亦可参考该规范,艺术类的设计与创作规范可根据各艺术专业特点作相应的调整。

(四)论文打印要求

毕业论文用A4纸打印。页面设置的页边距为上:2.3cm,下:2.6 cm,左:3.0cm,右:2.3 cm。装订线位置一律在左侧。页码居中。

(五)论文结构及具体要求

毕业论文的结构依次为:

(1)封面;(2)中英文摘要(含关键词);(3)目录;(4)正文;(5)注释;(6)参考文献;(7)附录;(8)后记;(9)封底

(六)封面

封面颜色一般为白色,要按照学校统一规定的格式排版,论文题目是文章总体内容的体现,应简洁明确,有概括性,字数不宜超过20个字,可分为两行。

(七)中英文摘要(中文在前,英文在后)及关键词摘要是论文内容的简要陈述,应尽量反映论文的主要信息,内容包括研究目的、方法、成果、结论及意义等。中文摘要一般为 200—300 字,英文摘要应与中文摘要内容相对应。关键词一般为 3—5 个。

(八)目录

目录一般按二级标题编写,要求层次清晰,且要与正文标题一致。主要包括绪论(或前言)、正文主体、参考文献、后记等。

"目录"两字用三号黑体,居中,"目录"两字与正文空一行。

(九)正文

论文正文部分包括:绪论、论文主体及结论。毕业环节只写毕业论文的专业,毕业论文正文原则上要求 10000 字以上;除写毕业论文外,还进行毕业设计、创作、演出等毕业环节的专业,毕业论文正文原则上要求 6000 字以上。

正文的层次序号为:

第一级:一、二、三、……第二级:(一)(二)(三)……第三级:1. 2. 3. ……第四级:(1)(2)(3)……第五级:1)2)3)……

字体的要求:第一级题序和标题用三号黑体字。第二级题序和标题用四号黑体字。第三级及以下各级题序和标题用小四号黑体字。文章正文内容用宋体小四号字。

论文主体是论文的主要组成部分。要求层次清楚,文字简练、通顺,重点突出。第一级题序和标题居中放置,其余各级题序和标题一律沿版面左侧边线顶格安排。"结论"两字与上文空一行。

论文均加页眉"中国传媒大学本科毕业论文",为仿宋体五号字。页码居中,以绪论为首页。

(十)后记

论文撰写的背景、目的和一些有必要交代的内容可在后记部分作说明补充。

(十一)注释

注释采取脚注形式。在论文写作过程中,需要交代相关内容引用的出处,或需要进一步说明和阐述,则在文中注释(以出现的先后次序编号,编号以方括号进行上标,如[1]、[3]。脚注紧跟在该页的下面)。

常用格式如下:

1.专著、论文集、研究报告:[序号]主要责任者(注:两个责任者之间用逗号隔开).

文献题名[文献类型标识].出版地:出版者,出版年:起止页码.

举例:

[1][3]刘小龙.电视艺术美学[M].北京:中国广播电视出版社,1999:22-37.

[3]吴海霞,沈剑平.电视论坛[C].北京:人民教育出版社,2003.(2):56.

[4]中国教育与人力资源问题报告课题组.从人口大国迈向人力资源强国[R].北京:高等教育出版社,2003.

2.学位论文:[序号]主要责任者.文献题名[D].保管地:保管单位,完成年:起止页码.

举例:

[1]邓友.论电视艺术的美学性[D].北京:北京广播学院,2004.

3.析出文献:[序号]析出文献主要责任者(注:两个责任者之间用逗号隔开).析出文献题名[A]//原文献主要责任者.原文献题名.出版地:出版者,出版年:析出文献起止页码(如文内已列明,则省略).

举例:

[1]穆尔.电影理论的结构[A]//瞿涛.电影学文集.北京:人民出版社,1993:34.

4.期刊文章:[序号]主要责任者.文献题名[J].刊名,出版年,卷(期):起止页码.

举例:

[9]李海.音乐传播的文化思考[J].当代传播,2004(10):26.

5.报纸文章:[序号]主要责任者.文献题名[N].报纸名,出版日期(版次).

举例:

[1]周济.情系教育 办好教育[N].中国教育报,2004-01-29(1).

6.网络文献:[序号]主要责任者.网络文献题名[文献类型标识].网络文献的出处或可获得地址.

举例:

[1]吴霓.教育科学大家谈[J/OL].http://www.jyb.com.cn/2002zt/jykx/145.htm.

[14]方锦柔.中国人民大学学报论文文摘(1983—1993).英文[M].北京:中国大百科全书出版社,1996.

7.外文期刊文献编排格式及示例

[10]AMIT R. Strategic assets and organizational rent[J].Strategic management jour-

nal,2000(2):16-18.

8.外文专著文献编排格式及示例

[3] ANDREWS K R.The concept of corporate strategy[M]. IL: Irwin,1971:22.

9.各种未定类型文献:[序号]主要责任者.文献题名[Z].出版地:出版者,出版年.

举例:

[1]何东昌.中华人民共和国重要教育文献(1991—1997)[Z].海口:海南出版社,1998.

常见的文献类型标识表:

专著	期刊	报纸文章	论文集	学位论文	报告	网络数据库	网络期刊	网络电子公告	未定类型
M	J	N	C	D	R	DB/OL	J/OL	EB/OL	Z

(十二)参考文献

参考文献目录按引用顺序排列,格式与正文注释基本相同,但省略页码。

(十三)附录

对于一些不宜放在正文中,但有参考价值的内容,可编入附录中。例如样本、问卷、图表、范例、冗长的公式推导、编写的算法、语言程序以及解释、论证过程等。

(十四)封底

要求和封面的纸张一致。

(十五)其他要求

在毕业论文中,不同专业还对文字、表格、图、公式、标点符号、数字用法、量和单位等有具体要求,由该专业教研室根据国家相关标准相应地提出。

本规范的有关具体要求见论文模板。

毕业论文及相关表格顺序:

(1)封面;(2)中英文摘要(含关键词);(3)目录;(4)正文;(5)注释;(6)参考文献;(7)附录;(8)后记;(9)审题表;(10)指导记录表;(11)指导教师意见;(12)评阅人意见;(13)成绩表;(14)答辩记录;(15)封底。

十二、附件(略)

附录二:厦门大学本科毕业论文(设计)规范[①]的部分内容

本规范主要适用于中文撰写的毕业论文(设计),用外国语言撰写的毕业论文(设计)的规范可参照本规范执行。

一、毕业论文(设计)的写作程序

毕业论文(设计)写作程序大致分为如下阶段:确定指导教师;与指导教师讨论并选题;阅读文献、收集资料;拟定写作提纲,设计或制定实验方案;开展调查、设计或实验等;分析并撰写初稿,修改稿;定稿和指导教师审阅;答辩。

二、毕业论文(设计)的组成部分

毕业论文(设计)一般包括:前置部分、正文、参考文献、附录4个部分。

(一)前置部分

1. 封面

封面的字体、字号和排版要求见厦门大学学位论文封面格式。

题目应简洁、明确、有概括性,避免使用不常见的缩略词、缩写字。中文题目一般不宜超过20个字,必要时可增加副标题。英文题目应与中文题目内容相同。

2. 诚信书

使用《厦门大学本科学位论文诚信承诺书》规定范本。

3. 致谢

致谢语应以简短的文字对课题研究与论文撰写过程中曾直接给予帮助的人员(例如指导教师、答疑教师及其他人员)表示自己的谢意。

4. 摘要和关键词

摘要应具有独立性和自含性,语言精练、明确,高度概括论文内容,以400字左右

[①] 参看厦门大学官方网站:https://jwc.xmu.edu.cn/2160/list2.htm。

为宜。关键词应体现论文特色,具有语义性,在论文中有明确出处,以 3—5 个为宜。关键词另起一行排在摘要的下方,每个关键词之间用中文分号";"分开,最后一个关键词不打标点符号。

英文摘要、关键词内容与中文相同,每个关键词之间用英文分号"; "加一空格分开,最后一个关键词不打标点符号。中、英文摘要及其关键词各置一页内。

5. 目录

目录是毕业论文(设计)的提纲,也是论文各章节组成部分的小标题。目录应层次清晰,标明页码。目录中的标题要与正文中的标题一致,中英文各一份。

目录中的标题一般按照"1……"、"1.1……"或"一……"、"(一)……"格式编写。

(二)正文

正文从另右页开始。每一章应另起页,并从奇数页开始。

正文一般从引言(绪论)开始,以结论或讨论结束。引言(绪论)应包括论文的研究目的、流程和方法等。研究领域的历史回顾、文献回溯、理论分析等内容应独立成章,用足够的文字叙述。结论应包含论文的核心观点,阐述自己的创造性成果及其在本研究领域中的意义、作用,交代研究工作的局限,提出未来工作的意见和建议。

正文由于涉及的学科、选题、研究方法、结果表达方式等有很大的差异,不作统一的规定,但要求自然科学论文应提供实验数据和图片,资料真实,推理正确,结论清晰;人文和社会学科的论文应论点正确,论证充分,论据可靠,恰当运用系统分析和比较研究的方法进行模型或方案设计,注重实证研究和案例分析。

正文一般不少于 6000 字(不含图表、程序和计算数字)。用外国语言撰写的,字数参照 4 个英文单词折算 1 个中文字数进行计数。

正文各部分的标题应简明扼要,标题末不使用标点符号。论文中章的标题用"1、2……(或一、二……)",节的标题用"1.1、2.1……(或(一)、(二)……)",三级标题用"1.1.1、2.1.1……(或 1、2……)"。一般不使用三级以下标题。章、节编号顶格,编号与标题内容之间留 1 个字的空隙。

1. 名词术语

(1)科学技术名词术语采用全国自然科学名词审定委员会公布的规范词或国家标准、部标准中规定的名称,尚未统一规定或有争议的名词术语,可采用惯用的名称。

(2)特定含义的名词术语或新名词,以及使用外文缩写代替某一名词术语时,首次出现时应在括号内注明其含义,如:经济合作发展组织 OECD(Organization for Economic Co-operation and Development)。

(3)外国人名一般采用英文原名,可不译成中文,英文人名按名前姓后的原则书写。一般很熟知的外国人名(如牛顿、爱因斯坦、达尔文、马克思等)可按通常标准译法写译名。

2. 物理量名称、符号与计量单位

(1)论文中某一物理量的名称和符号应统一,一律采用国务院发布的《中华人民共和国法定计量单位》或者国际公认的计量单位。单位名称和符号的书写方式,应采用国际通用符号。

(2)在不涉及具体数据表达时允许使用中文计量单位如"千克"。

(3)表达时间使用"2014 年 6 月",不能使用"14 年 6 月"或"2014.6"。不能使用 80 年代,而应为上世纪 80 年代或 20 世纪 80 年代。表达时刻应采用中文计量单位,如"下午 3 点 10 分",不能写成"3h10min",在表格中可以用"3:10PM"表示。

(4)物理量符号、物理量常量、变量符号用斜体,计量单位符号均用正体。

3. 数字

(1)无特别约定情况下,一般均采用阿拉伯数字表示。

(2)小数的表示方法:一般情形下,小于 1 的数,需在小数点之前加 0。但当某些特殊数字不可能大于 1 时(如相关系数、比率、概率值),小数点之前的 0 可去掉,如 $r=.26, p<.05$。

(3)统计符号的格式:一般除 $\mu, \alpha, \beta, \lambda, \varepsilon$ 以及 V 等符号外,其余统计符号一律以斜体字呈现,如 ANCOVA, ANOVA, MANOVA, N, nl, M, SD, F, p, r 等。

4. 公式

(1)公式应另起一行缩略书写,居于中央(注意行首无缩进),与周围文字留足够的空间区分开。

(2)公式的编号用英文圆括号括起,放在公式右边行末,在公式和编号之间不加虚线。子公式可不编序号,需要引用时可加编 a、b、c……重复引用的公式不得另编新序号。公式较多时,可分章编号,但应与表格、图的编序方式统一。

(3)较长的公式最好在等号处转行,或在运算符号(如"+""-")处转行,等号或运算符号应在转行后的行首。公式中分数线的横线,其长度应等于或略大于分子和分母中较长的一方。

5. 表格

(1) 表格要有表号、表名、单位。表号和表名居表上方正中(注意行首无缩进);表格只有一个单位时,单位在表右上方。表较多时,可分章编号,但须与插图、公式的编序方式统一。

(2) 表格应优先采用三线表,三线表头尾两条线宽 1 磅,中间线宽 0.75 磅。也可根据需要使用其他格式。

(3) 表格如参考其他资料,应标明作者、来源名称、时间,置于表格左下方。

(4) 表格允许下页接写,接写时应重复表号,表号后跟表名(可省略)和"(续)",置于表上方。续表应重复表头。

(5) 表格应放在离正文首次出现处最近的地方,不应超前和过分拖后。表与上下正文之间各空一行。

6. 图

(1) 图包括曲线图、构造图、示意图、框图、流程图、记录图、地图、照片等。图应与文字内容相符,技术内容正确。所有制图应符合国家标准和专业标准,对无规定符号的图形应采用该行业的常用画法。

(2) 图要有图号、图名、单位。图号和图名要居图下方的正中(注意行首无缩进)。图较多时,可分章编号,但须与表格、公式的编序方式统一。

(3) 图如参考其他资料,要示明作者、来源名称、时间,置于图左下方。

(4) 由若干分图组成的插图,分图用 a、b、c……标序。分图的图名以及图中各种代号的意义,以图注形式写在图题下方,先写分图名,另起行写代号的意义。

(5) 图与图标题、图序号为一个整体,不得拆开排版为两页。当页空白不够排版该图整体时,可将其后文字部分提前,将图移至次页最前面。

7. 注释

当文中的字、词或短语需要进一步加以说明,而又没有具体的文献来源时,用注释。注释不宜过多。

篇名、作者注置于当页地脚。对文内有关特定内容的注释可夹在文内(加圆括号),也可排在当页地脚,注释序号以"①""②"等数字形式标示在被注释词条的右上角。

(三)参考文献

参考文献(references)必须是论文写作过程中引用到的文献,分为直接引用和间接引用。直接引用的文献要给出原文的页码,引用的部分用""表明是原文照录。间接引用是把别人发表过的观点用自己的话重述,不用双引号。凡引用他人观点、方案、资料、数据等,无论是否曾经发表,无论是纸质版的还是电子版的,均应注释出处,以示对别人知识产权的承认。

列入的中英文参考文献原则上在 10 篇以上,特别应包括近三年的期刊论文。

论文中引用文献的标注方法采用著者出版年制,或顺序编码制(见文后示例)。

参考文献表的著录应符合 GB/T 7714-2005《文后参考文献著录规则》。参考文献表另起页,按照著者字顺和出版年排序;采用顺序编码制的应按照文献在正文中出现的顺序编号排序。序号左顶格,并用数字加方括号表示,如"[1]";若内容超过一行,第二行起悬挂缩进与首行首字符对齐;序号后用 Tab 制表符分隔。作者(责任者)3 人以下全部列出,3 人以上可只列出前 3 人,后加", 等.",外文用", etal."。外文人名采用姓前名后,姓全拼首字母大写,名取各词的首字母大写,姓名各字以空格分隔。每条文献中的逗号句号统一用英文半角逗号句号加空格取代;页码前的冒号用英文冒号,后不加空格。文献类型的方括号前(如"[J]")若是中文,方括号前不加空格;方括号前若是非中文如英文或数字,方括号前加一空格。外文文章题名仅句首字母大写,书名、地名、机构名各词首字母大写,其中的专有名词或缩写保留其习惯写法。起讫序号、页码间用半短线"-"连接。每条文献以点号结尾。具体各类参考文献的编排格式如下:

文献是期刊文章时,书写格式为:

[序号] 作者. 文章题目[J]. 期刊名, 出版年份, 卷号(期数):起止页码.

文献是专著时,书写格式为:

[序号] 作者. 书名(版次)[M]. 出版地:出版单位, 出版年份:起止页码.

文献是会议论文集时,书写格式为:

[序号] 作者. 文章题目[C]. 主编. 论文集名, 出版地:出版单位, 出版年份:起止页码.

文献是学位论文时,书写格式为:

[序号] 作者. 论文题目[D]. 保存地:保存单位, 年份.

文献是来自研究报告时,书写格式为:

[序号]报告者.报告题目[R].报告地:报告会主办单位,报告年份.

文献是来自专利时,书写格式为:

[序号]专利所有者.专利名称:专利国别,专利[P].发布日期.

文献是来自国际、国家标准时,书写格式为:

[序号]标准设计单位.标准代号.标准名称[S].出版地:出版单位,出版年份.

文献来自报纸文章时,书写格式为:

[序号]作者.文章题目[N].报纸名,出版日期(版次).

文献来自电子文献时,书写格式为:

[序号]作者.文献题目[电子文献及载体类型标识].发表或更新日期/引用日期(可以只选择一项),电子文献的可获取地址.

文献来自各种未定义类型的文献时,书写格式为:

[序号]主要责任者.文献题名[Z].出版地:出版单位,出版年份.

参考文献类型,根据GB3469-83《文献类型与文献载体代码》规定,以单字母方式标识:M——专著,C——会议论文集,N——报纸文章,J——期刊文章,D——学位论文,R——研究报告,S——标准,P——专利;对于专著、论文集中的析出文献采用单字母"A"标识。其他未说明的文献类型,采用单字母"Z"标识。

电子参考文献标识:

[DB/OL]——联机网上数据库(database online)

[DB/MT]——磁带数据库(database on magnetic tape)

[M/CD]——光盘图书(monograph on CD-ROM)

[CP/DK]——磁盘软件(computer program on disk)

[J/OL]——网上期刊(serial online)

[EB/OL]——网上电子公告(electronic bulletin board online)

(四)附录

对于一些不宜放在正文中的重要支撑材料,包括某些重要的原始数据、详细数学推导、程序全文及其说明、复杂的图表、设计图纸等一系列需要补充提供的说明材料,可编入毕业论文(设计)的附录中。附录的篇幅不宜太长,一般不超过正文。

论文附录依次用大写字母"附录A、附录B、附录C……"表示,附录内的分级序号可采用"附 A1、附 A1.1、附 A1.1.1"等表示,图、表、公式均依此类推为图 A1、表 A1、式 A1 等。

三、毕业论文(设计)排版与印刷要求

(一)排版与印刷

主修专业毕业论文(设计)封面使用 160g 白色双胶纸,辅修封面为 160g 浅黄色皮纹纸。内页均为 A4 规格 80g 双胶纸。

章的标题占 2 行,标题以外的文字为 1.5 倍行距。

页边距标准:上边距和左边距应留 25mm 以上间隙,下边距和右边距应留 20mm 以上间隙,以便于装订。

每页须加页眉和页码。奇数页页眉内容为当前章名,如"第一章 绪论"。偶数页页眉内容为论文题目。学位论文的页码,正文、参考文献、附录部分用阿拉伯数字连续编码并居中,前置部分用罗马数字单独连续编码居中(封面除外)。

全文错别字或不规范之处不能超过千分之一次。任何一页上都不能超过两次。

(二)字体和字号(按内容涉及顺序)

封面中文标题	二号黑体
封面英文标题	三号 Times New Roman 加粗
致谢标题	小三号黑体
致谢内容	小四号宋体
中文摘要标题	小三号黑体
中文关键词标题	小四号黑体
中文摘要、关键词内容	小四号宋体
英文摘要标题	小三号 Times New Roman 加粗
英文关键词标题	小四号 Times New Roman 加粗
英文摘要、关键词内容	小四号 Times New Roman
中文目录标题	小三号黑体
中文目录中章的标题	四号黑体
中文目录中节的标题	小四号黑体
中文目录中三级标题	小四号宋体
英文目录标题	小三号 Times New Roman 加粗

英文目录中章的标题	四号 Times New Roman 加粗
英文目录中节的标题	小四号 Times New Roman 加粗
英文目录中三级标题	小四号 Times New Roman
章的标题	小三号黑体
节的标题	四号黑体
三级标题	小四号黑体
正文	小四号宋体
页眉	小五号宋体
页码	小五号 Times New Roman
注释内容	小五号宋体
表格、图的标题、单位、表头	五号宋体加粗
表格内容	五号宋体
表格、图的资料来源	小五号宋体
参考文献标题	小三号黑体
中文参考文献表	五号宋体
英文参考文献表	五号 Times New Roman
附录标题	小三号黑体

对于中英文混杂的内容,中文的字体若是用宋体,英文的字体则采用 Times New Roman;中文的字体若是黑体,英文的字体则采用 Arial。

参考文献

[1] 查普曼.人文与社会科学学术论文写作指南[M].桑凯莉,译.北京:北京大学出版社,2012.

[2] 巴比.社会研究方法[M].11版.邱泽奇,译.北京:华夏出版社,2019.

[3] 杜拉宾.芝加哥论文写作指南[M].雷蕾,译.北京:新华出版社,2015.

[4] 黄京华.广告调查理论与实务[M].北京:中央广播电视大学出版社,2009.

[5] 汉森. 大众传播研究方法[M].崔保国,金兼斌,童菲,译.北京:新华出版社,2004.

[6] 伯格.媒介与传播研究方法——质化与量化研究途径[M].黄光玉,刘念夏,陈清文,译.台北:风云论坛有限公司,2004.

[7] 里夫,赖斯,菲克.内容分析法——媒介信息量化研究技巧[M].2版.嵇美云,译.北京:清华大学出版社,2010.

[8] 赛弗林,坦卡德. 传播理论、起源、方法与应用[M].郭镇之,等译.北京:华夏出版社,2000.

[9] 卡茨,彼得斯,利比斯,等.媒介研究经典文本解读[M].常江,译.北京:北京大学出版社,2011.

[10] 黄升民,丁俊杰,黄京华,等.2012IMI 90后大学生网络化生活研究报告[M].北京:中国广播电视出版社,2012.

[11] 胡昌平,马丹.基于ZMET的用户心智模型构建[J].情报科学,2011,29(1):1-5.

[12] 陈向明.扎根理论的思路和方法[J].教育研究与实验,1999(4):58-63.

[13] 陈向明.扎根理论在中国教育研究中的运用探索[J].北大教育评论,2015,13

(1):2-15.

〔14〕黄晓斌,梁辰.质性分析工具在情报学中的应用[J].图书情报知识,2014(5):4-16.

〔15〕夏传玲.计算机辅助的定性分析方法[J].社会学研究,2007(5):148-163.

〔16〕章戈浩.计算机辅助质化分析与新闻传播研究[J].全球传媒学刊,2015,2(1):93-97.

后 记

　　研究方法与论文指导这门课程,从2015年给广告专业2012级本科生开设至今已近十年,授课内容基本固定下来,本教材正好可作为总结。这门课程最初由另外两位同事和笔者一起上,后来由笔者独自担当,去年开始又有新的同事加入授课团队,我们平行地给两个班分别授课,这本教材付梓出版,会让我们在授课内容上的协调沟通更为方便。不论初衷为何,笔者都有写这本教材的冲动,希望把自己授课期间的思考融入其中,期望这本教材能够方便自己和同事授课之用,更期待这本教材对我的学生和读者有所帮助,在课后参照此书的方法做好毕业论文。

　　尽管是熟悉的内容,但写出来和讲出来还是有很大不同,文字表达要求更为严谨,作为教材还要达到学术性的要求。笔者在讲授这门课时,如同在讲数据分析课程时很少讲公式,重点讲理解、讲应用一样,在严谨的学术性和浅显易懂之间,以后者为重。因为这样的讲课方式,当授课讲义升级为教材时,自然有很多困难要克服。写作过程不必多说,唯一的愿望是这本教材能够达成笔者的前述希冀。

　　正如笔者的导师曹璐教授指导笔者博士论文时所说——先有后好,对,就先写下来,以后再不断改进吧!

黄京华

2023年8月1日